guionistas

cine

declan mcgrath
felim macdermott

guionistas

cine

OCEANO

Un libro de RotoVision

Título original: *SCREENCRAFT Screenwriting*

Declan McGrath & Felim MacDermott

© 2003 EDITORIAL OCÉANO, S.L.

EDIFICIO OCÉANO

Milanesat, 21-23

08017 Barcelona

Tel.: 932 802 020

www.oceano.com

Traducción: Vicente Campos González

Edición: Marta García García

ISBN: 84-494-2405-4

Impreso en Singapur / *Printed in Singapore*

En la portada: borrador de guión de **Raging Bull** (por cortesía de Steven Zaillian.
En la contraportada: fotogramas de **Monsters Inc.** (Disney Enterprises Inc./Pixar
Animation Studios); **Belle de Jour** (Paris Film, por cortesía de The Ronald Grant
Archive) y **Mission: Impossible II** (Paramount Pictures, por cortesía de
The Ronald Grant Archive).

contenido

introducción[1]

"El joven que le abrió la puerta –tenía 34 años pero mucho pelo y la piel todavía sin arrugas; siempre le habían tomado por más joven de lo que era, algo que, aunque le había irritado recién cumplidos los veinte, ahora le encantaba al ver a sus viejos amigos de la escuela casados o calvos mientras él podía seguir saliendo sin problemas con chicas diez años más jóvenes– también fue asesinado, aunque tardó 20 segundos en expirar. Una parte de la vitrina le había arrancado de cuajo una de las piernas y le había mutilado la ingle y la pelvis. El cristal de la puerta le había destrozado la cara, despedazándole la nariz y penetrándole en el cerebro. Se llamaba Martin O'Hare. Había asistido a la escuela. Había leído *Grandes esperanzas* y quería ser astrónomo. Había amado y le habían amado. También él tenía una historia."

Fragmento de *Eureka Street*, del escritor irlandés contemporáneo Robert McLiam Wilson, que cuenta una historia de asesinatos cometidos por paramilitares en Belfast, su ciudad natal.

Estamos en Los Ángeles, a un océano y un continente de distancia de nuestros hogares en Irlanda, reunidos por primera vez con el famoso guionista Robert Towne. Algo en el brillo de su mirada indica que vamos a disfrutar con esta entrevista. "Hola, Robert, me llamo Felim", se presenta uno de nosotros. Para los lectores que desconozcan este nombre irlandés, la pronunciación correcta es Fiii-lam. Si te llamas Felim valoras el detalle de que lo pronuncien correctamente. Robert responde: "Felim, ¿como Felim

---

[1] **Nota a la presente edición**
Es un hecho que las películas rodadas en lengua no española no siempre se estrenan con el mismo título en los diversos países de habla hispana. Dado que la presente edición va dirigida al amplísimo mercado hispanoblante, los editores han optado por conservar como referencia los títulos originales y acompañarlos, la primera vez que aparecen en cada capítulo, del título de su estreno en España: **Breakfast at Tiffany's** (*Desayuno con diamantes*). Cuando se trataba de películas de cinematografías culturalmente "más alejadas" (china, japonesa, polaca, etcétera) que no han sido estrenadas en lengua española, se ha optado por acompañar el título original del título inglés, más internacional y más fácilmente reconocible: **Aisai mono**

Gatari (*My beloved Wife*). Para las películas estrenadas en lengua española, se facilita el título en español: **Gembaku no Ko** (*Los niños de Hiroshima*).
En los casos en que existía coincidencia entre el título original y su versión española, el lector verá junto al título original un asterisco para evitar la innecesaria repetición: **Taxi Driver***.
Cuando no se ha tenido constancia de que una película hubiera sido estrenada en español, el lector encontrará únicamente el título original del filme (o el título en inglés), sin traducciones ni asteriscos.
Aparecen entre comillas los títulos de guiones que no han sido producidos: "Bad Manners".

Brady, el bardo de Armagh?". Pronunciación perfecta. Nos quedamos pasmados.

"Felim Brady" es una antigua balada irlandesa, una de las muchas que sirvieron para dar forma y dejar constancia de nuestra cultura e historia. La canción introduce al oyente en la mente de un viejo bardo que recitaba poemas e historias para los nobles. Éste rememora el pasado, pero sin amargura ni tristeza por la juventud perdida, cuando era el joven más encantador de Armagh, sino que, por el contrario, sabe apreciar la riqueza de su prolongada vida. Podemos contar aquí la balada porque cuando le dijimos a Robert que nunca la habíamos escuchado, salió apresuradamente de la habitación y empezó a buscar la cinta por toda la casa. Cuando por fin puso la canción, y mientras el estudio de Robert se iba llenando poco a poco del humo de sus gruesos puros, nos instó a que escucháramos con atención un verso concreto: "Los chicos de espíritu alegre serán los viejos más felices". "¿No es un verso magnífico?", reflexionó Towne acompañando sus pensamientos con las nubes de humo de su puro. Algo empezó a cristalizar en ese momento, algo que apuntaba a lo que esta serie de entrevistas tiene de especial.

Mientras nos documentábamos sobre el arte de escribir guiones, leímos muchos libros sobre cómo redactar el guión perfecto. Todos prescriben normas determinadas por los autores y sostienen que, siguiéndolas, escribirás un guión vendible. Cada obra presenta argumentos convincentes para justificar que su estructura concreta funciona. Mientras los leíamos, una parte de nosotros suspiraba: la creación de un guión debía de consistir en algo más que limitarse a seguir un conjunto de normas.

Por supuesto que hay más. Hay individualismo, y durante la redacción de este libro hemos tenido el honor de conocer y entrevistar a algunos de los individuos más importantes en la historia de la escritura de guiones. Pero los individuos no son personas aisladas, está también la historia, la cultura y la tradición. Para nosotros ha sido una verdadera revelación descubrir hasta qué punto todos esos factores también han dado forma a las historias que han contado los guionistas que aparecen en esta obra.

Si se escucha, atentamente y en silencio, el latido que palpita en los guiones de estos escritores, se oirán historias surgidas de un tiempo y un lugar concretos, de un conjunto específico de experiencias y de una visión del mundo. Por ejemplo, creemos que en una obra como **Dekalog** (*Decálogo*), de Krzysztof Kieslowski y Krzysztof Piesiewicz, se oirá el palpitar de un país cuya humanidad, moralidad y anhelos espirituales han sido fruto de la devastación de la Segunda Guerra Mundial y la brutalidad del totalitarismo. Hace cientos de años, alguien escribió el verso: "Los chicos de espíritu alegre serán los viejos más felices". Ese verso sigue teniendo sentido para mucha gente de todo el mundo. La balada cuenta la vida de un viejo bardo, pero si escuchamos el corazón que late tras la canción también nos habla de un país. Al compartir tales historias podemos aprender a valorar la cultura de los demás.

En el pasado, en Irlanda la balada era un medio de recordar y narrar historias. Desde los tiempos más antiguos de la comunidad, bardos y *seanachies* (narradores) viajaban por casas y aldeas y la gente se reunía a escucharlos alrededor de hogueras vacilantes, cautivada por sus relatos llenos de aventuras y moralejas. Lo mismo sucedió en otras sociedades de todo el mundo. Hoy en día, el cine es el medio más importante con el que nos contamos historias unos a otros. El guionista tiene al mundo entero como público potencial y cuenta con una multitud de efectos visuales y de sonido a su disposición. Pese a ello, su papel primordial sigue siendo, en esencia, el mismo que el del narrador oral. El testigo de la narración les fue entregado a los guionistas, en tanto que herederos de la tradición oral, a principios del siglo XX. En los primeros tiempos del cine, al público a veces le confundía la cambiante sucesión de imágenes de las nuevas películas. De manera que en Japón, por ejemplo, cuando se proyectaba una película, se colocaba un *benshi* (narrador) al lado de la pantalla que explicaba al público lo que estaba sucediendo en ella. Un buen *benshi* aprendía en cada pase de la película qué detalles le gustaban al público, y en la siguiente proyección cambiaba su versión para ajustarse a ese gusto. Una persona similar permanecía junto a la pantalla en los países africanos cuando les llegó el cine. En España, existía un hombre llamado *mostrador* que incluso blandía una larga vara para señalar a los personajes mientras iba explicando la historia.

A medida que esos continuadores de la tradición oral fueron volviéndose superfluos, empezaron a aparecer los guionistas. Los primeros guiones tenían muy en cuenta que el nuevo medio podía confundir al público. La trama y la caracterización de los personajes evitaban toda ambigüedad y resultaban fáciles de seguir. Los actores expresaban físicamente sus emociones. Al público no le podía caber la menor duda de lo que estaba sucediendo en la pantalla. Casi cien años después, la narración cinematográfica se ha hecho mucho más sofisticada. Las motivaciones de los personajes no tienen por qué estar tan claras, con frecuencia el público tiene que "leer" entre líneas el diálogo para adivinar qué está ocurriendo. Incluso puede llegar a prescindirse por completo del diálogo, dejando un silencio que aparentemente posibilitaría un susurro de comunicación confidencial entre el cineasta y el público. De los colores de la pantalla se filtran matices de sentido oculto. Hasta el concepto tradicional de una historia con principio, núcleo y final puede cuestionarse. Los guiones retroceden y avanzan en el tiempo, siguiendo a veces a varios personajes. Todas éstas son facetas de un proceso continuado y emocionante en el que

los guionistas han cambiado y desarrollado el modo en que nos narran las historias.

Lo que no ha cambiado demasiado desde la época de las primeras películas mudas son las dificultades de la escritura de guiones como profesión. Thomas Edison dirigió una de las primeras productoras de cine. Cuando se dio cuenta de que necesitaba guiones, patrocinó un concurso de guiones convocado en las facultades universitarias de todo Estados Unidos. Éste no parece que fuera un gran éxito ya que, a pesar de que se presentaron trescientos treinta y siete guiones, sólo ocho se consideraron con la calidad suficiente para ser producidos. Por desgracia para los escritores, esto dio inicio a un modelo vigente hasta hoy día: el número de guiones escritos sobrepasa con creces el de los que llegan a convertirse en películas. Un guión no trasladado a imágenes es, por lo general, inútil. Un guión debe encontrar un público. Para llegar a ese público, lo tienen que leer antes financieros dispuestos a invertir dinero en su producción, y les tiene que gustar. Muy pocos guiones consiguen ese dinero. A continuación, un productor contratará a un director, al director de fotografía, al diseñador de producción, a los actores y a un equipo muy numeroso para transformar el texto en película. Durante la realización, el guión sufrirá numerosas modificaciones por el enfoque del director, el reparto, las localizaciones elegidas, la iluminación, el vestuario y un sinfín de otras variables, lo que significa que el trabajo del guionista se verá continuamente alterado. Cuando se termine la película, todos los borradores del guión se volverán superfluos. Sólo importa la película acabada y la palabra escrita de la que surgió se ve eclipsada; incluso un guión de éxito es efímero.

Pese a ese destino, la gente sigue escribiendo para la pantalla, tal vez porque, por más que lo puedan alterar el equipo y las circunstancias, un guión proporciona la historia y el tema de una película. La historia es, de hecho, la columna vertebral de la obra y el tema (cuando existe) es su alma. Cuando se despoja a un filme de todo lo demás, queda su esencia, aquello a lo que responde el público, y eso procede del guión. Los guionistas también seguirán escribiendo porque el cine, en sus mejores momentos, puede transmitir una intimidad inalcanzable para el teatro y comunicar la realidad y las sensaciones de una manera imposible para los novelistas. Y, más importante todavía, el cine, y su mensajera la televisión, es el medio que puede conmover e influir a mucha más gente que cualquier otro.

El poder del cine en nuestro mundo moderno es inmenso. En el siglo XX se utilizaron por primera vez el sonido y las imágenes como propaganda, además de para crear historias y entretenimiento. Los Estados no tardaron en percatarse de su increíble poder y por eso impusieron la censura. De los guionistas que aparecen en este libro, George Axelrod, Robert Towne, Krzysztof Piesiewicz, Jim Sheridan y Suso d'Amico han tenido que soportar la interferencia estatal en su obra. La televisión y el cine parecen estar sometidos a menos controles hoy en día. Sin embargo, para que un guión consiga financiación debe gustarle como mínimo y ante todo a un ejecutivo de estudio de entre los poquísimos que hay en todo el mundo. La mayoría de ellos trabaja para una gran compañía multinacional de Estados Unidos. Estas corporaciones tienen una miríada de otros intereses comerciales y sólo las mueve el beneficio. El riesgo más común es que elijan los guiones que defiendan una cultura y un estilo de vida consumistas, con todos sus productos vinculados, ya que eso está en consonancia con sus propios intereses, en lugar de aquellos que cuenten historias que reflejen la verdadera diversidad de la humanidad.

Estas grandes corporaciones multinacionales no sólo eligen los guiones que hay que financiar sino que controlan la distribución. Sus películas dominan los cines de todo el mundo, dejando poco espacio para las historias propias de cada país. Y menos espacio todavía para historias de otros países. Eso significa, por ejemplo, que cada vez hay menos películas francesas que se exhiban fuera de Francia, y más extranjeras (es decir, de Estados Unidos) en las pantallas galas. En consecuencia, hay menos oportunidades para ver y escuchar películas que nos permitan conocer otros pueblos y otras culturas diferentes de Estados Unidos y del tipo de relato y de la visión del mundo que parecen dominar nuestras salas de cine.

Ésta es la sombría realidad del mercado en que los guionistas están intentando contar sus historias. En la actualidad, éstos escriben para la generación MTV, un público impaciente con una limitada capacidad de atención; una generación amamantada con anuncios realizados para un público que mira sin ver y oye sin escuchar, y cuya propia vida es más rápida y fragmentada que nunca. En este mundo moderno, muchos creen que el concepto mismo de narración está amenazado. Argumentan que ya no necesitamos historias; que ahora experimentamos emociones y contemplamos a la humanidad a través del mundo cibernético de los *reality shows* de la televisión y los *chats* de internet. Nosotros no opinamos lo mismo. Pese a nuestro mundo fragmentado y atomizado, creemos que la demanda de historias no disminuirá. Las seguiremos necesitando para dar sentido a nuestra propia existencia. Y también porque nos proporcionan un enorme placer y la oportunidad de olvidarnos de las preocupaciones del mundo permitiéndonos experimentar los peligros de otros universos durante dos horas, mientras permanecemos cómodamente sentados en nuestras butacas. En esencia, necesitamos historias por la misma razón por la que las necesitaba la gente en la época de Felim Brady, el bardo de Armagh...

El poder del cine da al guionista grandes oportunidades, pero con ellas éste también asume una enorme responsabilidad. Los grandes guionistas, los que escriben desde una pasión profunda y nos relatan historias auténticas basadas en la experiencia, como los trece que aparecen en este libro, nos ayudan a entender la vida de los demás, cualquiera que sea su cultura y educación. Es algo crucial. Cuando nos percatamos de que la existencia de cada persona es una historia, nos damos cuenta de lo valiosa que es la vida de los demás. Tras el siglo que hemos dejado atrás, lleno de conflictos bélicos, totalitarismo, el Holocausto, luchas civiles y destrucción nuclear, nos preguntamos qué podría ser más valioso que contarnos entre nosotros las historias de cada uno, reunidos alrededor de la luz vacilante de la pantalla de cine, igual que nuestros ancestros se reunían alrededor de la fogata para escuchar a sus bardos.

Los autores quieren expresar su agradecimiento a: Michael Bardley, Gavin Buckley, Mary Casey, Gerry Colgan, Marina Hughes, Anthony Kaluarachchi, Brian Kelly, Anthony Litton, Patrick McGilligan, Andrew Melia, Anna Maria O'Flanagan, Ian Palmer, Adam Rynne, Robert Taylor, Joanne Kelly, Mairead McIvor, Nora Ephron, Pat y Rosie O'Leary, Peggy Owers, Mary Sherlock, Malgorzata Marcinkowska, Don Taylor, Galway Film Centre, Cork Film Centre, Larry Greenburg, Helen O'Dowd, Pat McGilligan, John Bailey, Mick Hannigan, Tomasz Korzeniowski, Jonathon Levine, Paddy O'Connor, Anna O'Sullivan, Bonnie Waitzkin, cineclub Shantalla, Randy Haberkamp, Siobháin Burke, John Waggaman, David Murphy, Anne O'Leary, Laurie y Kay MacDermott, Michael Piers, Bruce Naughton, Ken y Joan Tuohy, Gerry Kelly, Brian Guickian y la familia McGrath.

Un agradecimiento especial para nuestra editora, Erica French, el encargado de producción Gary French, las diseñadoras Andrea Bettella y Francesca Wisniewska, nuestra transcriptora Judith Burns y The Ronald Grant Archive por las facilidades que nos ha brindado para el uso de sus imágenes.

biografía

Paul Schrader nació en 1946 en Grand Rapids, Michigan, donde recibió una estricta educación calvinista holandesa. Las diversiones mundanas, tales como ir al cine, estaban prohibidas por orden del sínodo. De niño fue a escondidas a la ciudad para ver **The Absent-Minded Profesor** (Robert Stevenson, 1961, *El profesor chiflado*) y se preguntó de qué iba todo aquel alboroto. Un año después fue con sus primos a ver **Wild in the Country** (Philip Dunne, 1962, *El indó-*

paul schrader

entrevista[2]

mito), protagonizada por Elvis Presley, y lo averiguó. A los 17, Schrader entró en el Calvin College, en parte universidad y en parte seminario, con la idea de hacerse pastor calvinista. Allí dirigió un cineclub y empezó a escribir sobre películas. Este interés le llevó a seguir tres breves cursos de cine en la Universidad de Columbia, en Nueva York, durante el verano de 1967. Mientras estaba en Columbia le presentaron a la crítica de cine Pauline Kael, quien, impresionada por sus textos, le animó a que estudiara en la escuela de cine de la UCLA. Allí publicó su propia revista, *Cinema*, y más tarde fue crítico cinematográfico de *Los Angeles Free Press*. Schrader ha escrito cuatro guiones para Martín Scorsese: **Taxi Driver*** (1976), **Raging Bull** (1980, *Toro salvaje*), **The Last Temptation of Christ** (1988, *La última tentación de Cristo*) y **Bringing Out the Dead** (2000, *Al límite*). También ha dirigido, además de escribir, **Blue Collar*** (1978), **American Gigolo*** (1980), **Affliction** (1997, *Aflicción*) y la coproducción con Japón **Mishima: A Life in Four Chapters** (1985). Ha escrito el libro *El estilo trascendental en el cine*. Schrader se considera miembro de una generación de guionistas que siempre escriben "*on spec*" (en abstracto, por si acaso su guión finalmente se produce) más que por encargo de los estudios.

El arte funciona. El arte es funcional, y el artificio es un dispositivo que sirve para exponer e iluminar los problemas de cada uno, ponerlos en perspectiva y aprender más sobre ti mismo y sobre los demás. El arte es tan funcional como un cinturón de herramientas. No es un juguete. No es una diversión. No es algo que haces cuando no tienes nada mejor que hacer. Es trabajo, y la obra de arte es una obra como la de cualquier artesano. Si el arte funciona, y si ese arte puede exponer, organizar, explicar y poner los problemas en perspectiva, entonces, ustedes, los lectores, son la materia prima, porque todos somos la materia del arte. Los guiones no tratan de otras películas, tratan de personas. Los guionistas no deberían estudiar cine, deben estudiarse a sí mismos. Para los escritores que empiezan esto puede ser incluso beneficioso desde el punto de vista comercial, porque cuando te estudias a ti mismo, estudias la única cosa absolutamente original que conoces. Una de cada dos historias es una copia. ¿Y por qué van a contratar a un guionista novato para hacer una copia de una película adolescente descaradamente comercial o bien de una de acción cuando disponen de equipos enteros de personas de gran talento, completamente corruptas y desprovistas de ego que harán exactamente lo que les pidan,

2 Entrevista presentada el 29.11.2001 en *The Marvin Borowsky Lecture* sobre escritura de guiones para la serie de conferencias periódicas de la Academy of Motion Picture Arts and Sciences.

cuando se lo pidan y en el plazo que les den? ¿Por qué van a molestarse con alguien que no ha aparecido todavía en los títulos de crédito? Si eres un escritor novato, lo único que tienes para ofrecer es el hecho de que tú eres tú. Debe de haber algo en tu vida que sea único y tenga cierto valor. El escritor debe mirarse a sí mismo, y, por descontado, cuando escribes sobre ti mismo no sólo estás diciendo en qué eres distinto sino, y más importante, en qué eres igual. Porque al final, aquello en que somos iguales resulta más fascinante que aquello en que nos diferenciamos.

Para ser escritor primero debes examinar y afrontar tus problemas personales más apremiantes. Nuestro negocio es el de la ropa sucia. Las artes tratan de lo prohibido, de lo no contado, de lo implícito y, a veces, de lo inefable. Si tienes algún problema para sacar la ropa sucia y mostrarla, te has equivocado de negocio. Créeme, sea cual sea el secreto oculto y espantoso que creas tener, no es nada nuevo y lo comparte un montón de gente. Cuando descubras tu problema, piensa en una metáfora para él. Una metáfora es algo que ocupa el lugar del problema. No es como el problema, sino una variación del mismo. Este planteamiento se me ocurrió por primera vez con **Taxi Driver**, y el problema era la soledad. La metáfora era el taxi. Ese chillón ataúd de acero que flota entre las cloacas de Nueva York, una caja de hierro con un hombre dentro que parecía estar en el centro de la sociedad, pero que de hecho estaba completamente solo. La metáfora del taxi es tan poderosa que puede repetirse como metáfora de la soledad. Al poco de empezar la película el taxista hablaba de la soledad, y Scorsese y yo nos dimos cuenta después de la primera proyección que podíamos eliminar ese discurso: el propio taxi se encargaba de la tarea. Si estudias el gran arte, ya sea *Moby Dick* o *Frankenstein*, te encuentras una metáfora tan firme como una roca. Y, si es sólida de verdad, es más importante que la trama, porque ésta no es más que un conjunto de estructuras con variaciones.

Creo que la metáfora es más difícil de encontrar. Una vez das con ella, siempre sabrás dónde empezaba la historia. Esto es muy importante porque, a medida que escribes un guión, te crean mucha confusión la trama, las subtramas y los personajes. Cuando te encuentras con una escena floja que no lleva a ninguna parte, te preguntas: ¿cuál es la fuerza que impulsa esta historia de principio a fin? Por eso es bueno conocer la metáfora. A veces se te ocurrirá primero y tendrás que retroceder y averiguar el problema subyacente que hace que ésta resulte atractiva. A veces se te plantea el problema antes de tener la metáfora. En **American Gigolo**, el problema era la incapacidad de expresar el amor. En aquella época, yo impartía un curso en la UCLA, estábamos dándole vueltas al asunto en clase y pregunté: "¿Y a qué se dedica este hombre? ¿Es un vendedor? ¿Es un hombre de negocios? ¿Es carpintero? ¿Es un gigoló?". Y, allí mismo, dije: "Vaya, la incapacidad de expresar el amor: el gigoló. Eso es. Ésa es la metáfora". Tenemos a un hombre que se dedica al negocio de proporcionar amor, por tanto es la metáfora perfecta para alguien que no puede expresarlo. Es la representación de una cosa mediante su contrario.

En **Light Sleeper** (*Posibilidad de escape*) quería hacer una película sobre la mediana edad y durante años intenté encontrar un problema. Revisé todos los tópicos: el tipo que abandona a su mujer y se escapa con una chica o se va de viaje. Todo resultaba muy previsible y aburrido. Entonces, una noche estaba soñando y se me apareció un traficante de drogas al que conocía. Me desperté. Eran alrededor de las cuatro de la madrugada y me dije: "Vaya, no sé, no he visto a ese tipo desde hace cinco años, ¿por qué está ahí?". Me di cuenta de que llevaba un año buscándolo y que no lo había podido encontrar. Así que al final se había cansado de que lo buscara y había venido a visitarme. Él era mi protagonista de mediana edad. El traficante de drogas: el personaje más denigrado de nuestra cultura. Su crisis de la mediana edad es la mía. Empecé a

RAGING BULL

1. INTRO: JAKE SHADOW-BOXING IN TUX, DOING NIGHT CLUB MONOLOGUE
2. REEVES FIGHT (1941)
3. JAKE-IDA-PETE: JAKE'S APT
4. JAKE TRAINS: GLEASON'S
5. NEIGHBORHOOD POOL #1
6. ARMY PHYS
7. JAKE HITS IDA
8. NEIGHBORHOOD POOL #2
9. JAKE + VIKKI: Mini-golf
10. JAKES "RAPES" VIKKI
10A. SUGAR RAY'S PRESS CONFERENCE
11. GLEASONS: prep for 3rd Rob
12. NIGHT BEFORE 3RD ROB
13. 3RD ROB. FIGHT (1943)
14. PETE GETS OUT
15. CHESTER PALACE
16. EMERGENCY WARD
NEW SCENE: JOEY AT GLEASONS
17. MILO'S YONKERS HOME
18. WEIGH-IN FOR JANIRO
19. JANIRO FIGHT (1947): '44GS
20. SALVY SETS PETE UP W/VIKKI
21. DEBONAIR SOCIAL CLUB
22. SALVY + JAKE
23. JAKE + VIKKI — she flies
24. DRESS SHOP: Jake beats up Pete
25. JAKE + VIKKI WATCH SUGAR ON TV
26. FOX FIGHT (1947)
27. IDA + REPORTERS
28. JAKE + JOEY
29. PRE-CERDAN

(1) Borrador preliminar de escenas de **Raging Bull**. (2-3) El joven Schrader ante la máquina de escribir. "Considero mi vida y mis gustos como crítico como una bifurcación separada en el camino de mi trabajo como creador de historias. La crítica y la narración son dos cosas muy distintas. Un crítico es como un forense. Abre el cuerpo e intenta averiguar cómo vivió y murió. Un escritor es como una mujer embarazada. Intenta mantener vivo lo que lleva dentro hasta dar a luz. No debes permitir que el forense entre en la sala de partos. Matará al bebé. Así que cuando escribo, aparto esa parte crítica de mi mente, porque sólo quiero evitar que me busque complicaciones."

"De cualquier libro pueden hacerse diversas adaptaciones. En **The Last Temptation of Christ** había unas doce historias distintas (1-4). En la mayoría de los libros sólo hay dos o tres diferentes. Tienes que encontrar la que tenga más significado para ti, de esa manera puedes escribirla con la misma tinta con la que la escribió su autor. Luego debes buscar cuál era su intención. Con suerte, puedes encontrar entonces un espacio intermedio en el que se unan ambas."

tomar notas allí mismo, en aquel instante. Esa noche me enganché a él y tres semanas más tarde, tenía el guión. La película llevaba dieciocho meses en marcha y lo único que le faltaba era la metáfora. Y ésta era el traficante. La metáfora tiene que ser distinta del problema. Para que no se produzcan fricciones ni salten chispas, esos dos cables no pueden tocarse nunca. Debe haber algún espacio entre ellos que te permita saltar.

Una vez que te has decidido por una metáfora, das el paso siguiente: los rudimentos de la trama. Ni siquiera estamos hablando de escribir todavía, pero la trama es el tercer elemento en importancia. Así que clava el problema en la metáfora y comprueba cómo surgen astillas de la trama. ¿Qué sucede? Suceden cosas. A medida que estudias tu trama vas aprendiendo más detalles sobre la verdadera naturaleza del problema. En el caso de **Taxi Driver**, había dado por supuesto que la historia trataba sobre la soledad. Es una trama sumamente sencilla: el protagonista no puede tener la chica que quiere; y no quiere a la chica que sí puede tener. Intenta matar la figura paterna de una, fracasa; mata la figura paterna de la otra. Ésa es la trama. Pero al desarrollarla ves cuál era en realidad el problema. El problema no era la soledad sino la soledad autoimpuesta. El problema era la patología de hacer de uno mismo un solitario. Y es ahí donde entra la parte curativa del arte, porque te das cuenta de que tú no eres en realidad una persona solitaria sino una persona que quiere ser solitaria. Entonces empiezas a entenderte a ti mismo.

El siguiente paso recurre a la tradición oral. No creo que escribir guiones tenga en verdad nada que ver con escribir. Pienso que se trata más bien de contar historias. Escribir guiones tiene mucho más que ver con el tiempo en que tu tío salía a cazar patos y el ave se escapaba, que con la gran literatura. Para ser un buen guionista no te hace falta estar especialmente dotado en términos de habi-

lidad lingüística; todo lo que tienes que hacer es ser capaz de contar una buena historia. Si sabes contar una historia durante 45 minutos, tienes una película. ¿Cómo sabes que funciona? Llama a alguien, preferiblemente que no te conozca demasiado ni esté muy versado en el denominado "arte de escribir guiones", y dile que quieres tomar algo y contarle la historia. Cuéntasela. Obsérvalo. Mírale a los ojos. Mírale las manos. ¡Mírale el trasero! No tardarás nada en darte cuenta de cuándo lo estás perdiendo. Y, cuando lo pierdas, trabaja la historia y mejórala. Si de verdad quieres estar seguro, después de una media hora, ve al lavabo, vuelve y no arranques de nuevo la narración, espera a ver si te pregunta cómo acaba. En ese caso tendrás la certeza de que estás contando una buena historia.

Este relato de la historia lleva a la escaleta (*outline*), que no es más que una lista de sucesos que ocurren en la historia que has estado contando. Escena primera, un hombre en un estrado, una persona se levanta, se va. Escena segunda, conduce a casa solo, se crea un estado de ánimo. Escena tercera, llega a casa, no hay nadie. ¿Dónde está su esposa? Escena cuarta, se pone al teléfono. Cuando tengas las "escenas" suficientes puedes contarle otra vez la historia a alguien. La primera vez que la cuentas puede que sólo dure 20 minutos, pero, a medida que la vas narrando, se te ocurrirán más cosas. Raymond Chandler dijo en una ocasión que cada vez que te encuentres con problemas, haz que entre en la habitación alguien con una pistola, el lector se sentirá tan contento que ni preguntará de dónde sale. Así que si estás contando tu historia y estás perdiendo a tu oyente, dices que se para un deportivo rojo del que se bajan dos tipos vestidos de negro. ¡Bam! Has recuperado al oyente. Pero también acabas de introducir un deportivo rojo con dos individuos vestidos de negro. Ahora debes pensar qué vas a hacer con ellos. En cuanto hayas acabado de contarla, vuelves y anotas todos los cambios que has hecho y la cuentas otra vez.

1

2

3

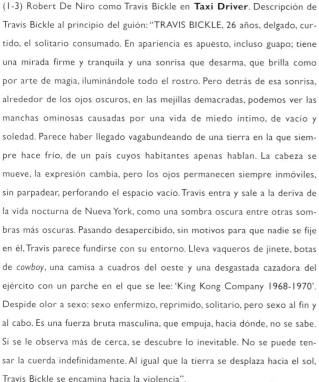

4

5

(1-3) Robert De Niro como Travis Bickle en **Taxi Driver**. Descripción de Travis Bickle al principio del guión: "TRAVIS BICKLE, 26 años, delgado, curtido, el solitario consumado. En apariencia es apuesto, incluso guapo; tiene una mirada firme y tranquila y una sonrisa que desarma, que brilla como por arte de magia, iluminándole todo el rostro. Pero detrás de esa sonrisa, alrededor de los ojos oscuros, en las mejillas demacradas, podemos ver las manchas ominosas causadas por una vida de miedo íntimo, de vacío y soledad. Parece haber llegado vagabundeando de una tierra en la que siempre hace frío, de un país cuyos habitantes apenas hablan. La cabeza se mueve, la expresión cambia, pero los ojos permanecen siempre inmóviles, sin parpadear, perforando el espacio vacío. Travis entra y sale a la deriva de la vida nocturna de Nueva York, como una sombra oscura entre otras sombras más oscuras. Pasando desapercibido, sin motivos para que nadie se fije en él, Travis parece fundirse con su entorno. Lleva vaqueros de jinete, botas de *cowboy*, una camisa a cuadros del oeste y una desgastada cazadora del ejército con un parche en el que se lee: 'King Kong Company 1968-1970'. Despide olor a sexo: sexo enfermizo, reprimido, solitario, pero sexo al fin y al cabo. Es una fuerza bruta masculina, que empuja, hacia dónde, no se sabe. Si se le observa más de cerca, se descubre lo inevitable. No se puede tensar la cuerda indefinidamente. Al igual que la tierra se desplaza hacia el sol, Travis Bickle se encamina hacia la violencia".

"Hay un tipo de personaje al que le he dado muchas vueltas. Es una persona, por lo general varón, que deambula sin rumbo y contempla a hurtadillas las vidas de otros. No tiene vida propia, pero la quiere, aunque no sabe cómo conseguirla. Siempre me ha gustado ese personaje y, obviamente, era yo. Yo era un niño con una estricta educación calvinista que había visto veinte películas en toda su vida y que, de la noche a la mañana, se vio arrojado al Los Ángeles de 1968 al lado de gente que se vestía con manteles floreados. Me sentía como un extraño y tenía toda la rabia acumulada fruto de mi educación. Ese conflicto se convirtió en la base para el personaje de Travis Bickle (1-3) y, con posterioridad, lo he utilizado y modulado a lo largo de los años. Así, a los 20 años, está enfadado. Es solitario. Es un taxista. A los 30, es un narcisista y gigoló [Richard Gere en **American Gigolo**] (4). A los 40, está angustiado, es un traficante de drogas [Willem Dafoe en **Light Sleeper**] (5). Con un poco de suerte le daré un descanso a ese personaje. Se ha vuelto muy difícil financiar estas historias existenciales."

CHARLIE T cocks his imaginary gun again, fires and chuckles.
WIZARD and TRAVIS nod goodbye, pay the CASHIER and exit.

TRAVIS follows WIZARD out onto the sidewalk. TRAVIS follows
WIZARD as he walks toward his cab. He has something on his
mind, something he wants to talk to WIZARD about.

                    TRAVIS
                (walking)
            Hey Wiz.

                    WIZARD
            Yeah?

WIZARD leans back against the cab. TRAVIS is about to speak
when he spots a GROUP of BLACK and PUERTO RICAN STREET PUNKS,
ages 12-15, jiving down the sidewalk toward him. ONE tosses a
spray paint can around his back, basketball style. ANOTHER
mocks as if he's going to scratch a key along one of the
cabs.

WIZARD has no visible reaction. A flash of controlled anger
crosses TRAVIS' face. He stares at the BOY with the poised
key. It is the same look that crossed his face in the Harlem
Deli. We are reminded with a jolt that the killer lies just
beneath TRAVIS' surface.

The BLACK PUNK must instinctively realize this too, because
he makes a cocky show of putting the key back into his pocket
and be-bopping around TRAVIS and WIZARD.

The young mean-streeters continue down the street and TRAVIS
turns back to WIZARD.

Across the street, in the background, a JUNKIE nestles in a
doorway.

                    TRAVIS
                (hesitant)
            Wiz?

                    WIZARD
            Yeah?

                    TRAVIS
            Look, ah, we never talked much, you
            and me...

                    WIZARD
            Yeah?

                    TRAVIS
            I wanted to ask you something, on
            account you've been around so long.

                    WIZARD
            Shoot. They don't call me the
            Wizard for nothing.

                    TRAVIS
            Well, I just, you know...

                    WIZARD
            Things got ya down?

                    TRAVIS
            Real down.

                    WIZARD
            It happens.

                    TRAVIS
            Sometimes it gets so I just don't
            know what I'm gonna do. I get some
            real crazy ideas, you know? Just
            go out and do somethin'.

                    WIZARD
            The taxi life, you mean.

                    TRAVIS
            Yeah.

                    WIZARD
                (nods)
            I know.

                    TRAVIS
            Like do anything, you know.

                    WIZARD
            Travis, look, I dig it. Let me
            explain. You choose a certain way
            of life. You live it. It becomes
            what you are. I've been a hack 27
            years, the last ten at night. Still
            don't own my own cab. I guess
            that's the way I want it. You see,
            that must be what I am.

A police car stops across the street. TWO PATROLMEN get out
and roust the JUNKIE from his doorway.

                    WIZARD (CONT'D)
            Look, a person does a certain thing
            and that's all there is to it. It
            becomes what he is. Why fight it?
            What do you know?

1

4

2

5

```
                    WIZARD (CONT'D)
           You're like a peg and you get
           dropped into a slot and you got to
           squirm and wiggle around a while
           until you fit in.

                    TRAVIS
                 (pause)
           That's just about the dumbest thing
           I ever heard, Wizard.

                    WIZARD
           What do you expect, Bertrand
           Russell?  I've been a cabbie all my
           life, what do I know?
                 (a beat)
           I don't even know what you're
           talking about.

                    TRAVIS
           Neither do I, I guess.

                    WIZARD
           You fit in.  It's lonely, it's
           rough at first.  But you fit in.
           You got no choice.

                    TRAVIS
           Yeah.  Sorry, Wizard.

                    WIZARD
           Don't worry, Killer.  You'll be all
           right.
                 (a beat)
           I seen enough to know.

                    TRAVIS
           Thanks.

WIZARD gives TRAVIS a short wave implying, "Chin up, old
boy," and walks around to the driver's side of his cab.

WIZARD drives off, leaving the street to its natural
inhabitants.

A NEW FACE IN THE CROWD.

EXT. CHARLES PALATINE RALLY. DAY

A rally platform in a supermarket parking lot somewhere in
Queens is draped in red,white and blue bunting.

A crowd of about five hundred people strong mills about,
waiting for the rally to begin. Piped pop-country music plays
over the loudspeaker system.
```

3

6

7

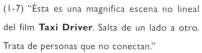

(1-7) "Ésta es una magnífica escena no lineal del film **Taxi Driver**. Salta de un lado a otro. Trata de personas que no conectan."

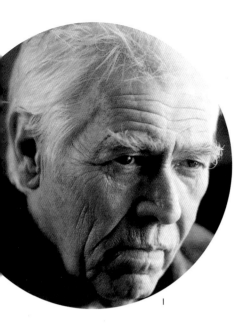

1

guionistas

(1-4) "Utilizas todo tipo de capas para crear un personaje, entre ellas algunas que nadie podrá ver. **Affliction** trata de un policía, Wade Whitehouse, que tenía un padre brutal y que cree que hay un asesino en el pueblo. Resulta que estaba equivocado. Pero sí había un asesino. Le dije a Nick Nolte (el director), 'Wade tiene razón, pero la persona asesinada fue Wade Whitehouse. Aunque está demasiado dolido y herido para darse cuenta de que él era la víctima'. Tal vez eso llegue a captarlo una persona de cada mil. Pero es algo que sabemos y podemos utilizar en nuestro propio subtexto."

2

3

4

No hay nada más frustrante que escribir guiones que no llegan a rodarse o no se venden. Si eres capaz de ponerte a ti mismo tantas pruebas y obstáculos como sea posible para llegar a la posición en la que te das cuenta de que un guión no quiere que lo escriban, te estás haciendo un inmenso favor. Es mejor pasarse seis semanas agónicas dándole vueltas a una idea, decir "no" y olvidarte, que seis meses escribiéndola y decidir entonces que no funciona. Intenta averiguar antes de poner una sola palabra sobre el papel si esa idea quiere de verdad que la escriban. ¿Cómo lo haces? La esquematizas en una escaleta. La cuentas. La vuelves a contar. Haces otra escaleta. Vives con ella y, en cierto momento, la idea bien empezará a flaquear y te aburrirá o bien su intensidad empezará a aumentar y te dirá: "Acércate a la máquina de escribir, ha llegado la hora de partir". Y, cuando una idea quiere que la escriban, todo sucede muy rápido. Esa idea pasará al papel en diez, veinte días, eso es todo lo que se tarda si está preparada para salir. Cuando un estudiante dice: "¿Leería usted este guión? No es gran cosa, lo escribí en dos semanas", se me aguzan las orejas. Cuando alguien me dice: "Llevo un año trabajando en esto", respondo: "Oh, Dios mío", porque una idea debe querer de verdad que la escriban.

Utilizo la escaleta no sólo como un medio para recordar la historia y contarla oralmente, sino también para darle ritmo. Para hacerlo tienes una lista de todas las escenas y un recuento aproximado de páginas al lado. Por ejemplo, un hombre habla en un estrado, una página. Conduce a casa, un cuarto de página. Si confeccionas ese esbozo con cierta honradez, sabrás lo que pasará en la página 35. Y también en la 76. En cierto modo, estás escribiendo por adelantado tu guión entero. No aprendes a escribirlo poniéndolo por escrito sino contándolo oralmente. Por descontado, cuando lo escribas, cambiará. Eso es lo bueno. No obstante, si al redactar la escaleta has planificado que tu protagonista descubra que el asesino es su hermanastro en la página 65, y al escribirlo lo descubre en la 85, has cometido un error, bien en la escaleta bien en la escritura. Tienes que decidir: si el error estaba en la primera, tienes que sentarte y rehacerla para que se ajuste a lo que has aprendido escribiendo. Si estaba en la escritura, tienes que volver atrás e intentar averiguar cómo eliminar veinte páginas de ahí. Puede que parezca la manera menos creativa de escribir pero, a veces, ha funcionado.

A partir de la escaleta escribes por fin la primera página del guión. La exposición, por supuesto, es la cruz de la existencia de todo escritor: tienes que encontrar un modo de incluirla en el guión sin ser demasiado directo. Tienes que explicar la trama mediante el diálogo. Recuerda que con frecuencia el diálogo es sobre gente que no se comunica; como dijo Harold Pinter, el lenguaje es la herramienta que utilizamos para no comunicarnos. Los escritores primerizos escriben de un modo muy previsible, de manera lineal, y no como habla o piensa la gente. Cuando lees el guión de un novato hacia atrás se vuelve de repente mucho más interesante porque los personajes responden a las preguntas antes de que se las planteen, que es, de hecho, lo que sucede muchas veces en la vida.

Así es como abordo yo la escritura. Creo que todos los guionistas, si son sinceros, reconocen que se enseñaron a sí mismos a escribir. Los guionistas leen y luego comprenden cómo se escribe. No puedes dar recetas y decir así es cómo tienes que escribir un guión y éstos son los secretos. No hay secretos. Sólo puedes contar lo que a ti te ha servido. Tal vez el negocio del cine esté a punto de desmoronarse. ¿Quién sabe? ¿A quién le importa? Pero las narraciones sobrevivirán. No me importa si se dejan de hacer películas. No son más que otra herramienta. Dejaré el martillo, tomaré el destornillador y buscaré otro medio en el que trabajar. No se trata de ese sagrado concepto denominado "cine"; para mí, lo que importa es contar historias y la autoexploración.

biografía

George Axelrod nació en 1922 en el hotel Cambridge de Nueva York. Su madre fue la joven estrella del cine mudo Betty Carpenter. Decidió que de mayor sería escritor tras leer la novela de Hemingway *Fiesta* mientras estaba en un internado. "La leí de dos sentadas y me cambió la vida. Me dije: 'Dios mío, escribir es reflejar conversaciones. Yo podría hacerlo'." Tras su expulsión del instituto y antes de convertirse en escritor, George Axelrod trabajó

george axelrod

en el teatro, primero como encargado del escenario y luego como actor infantil. Empezó a vender guiones radiofónicos a los 20 años, pero su carrera se vio interrumpida por los tres años de servicio militar que cumplió durante la Segunda Guerra Mundial. Cuando regresó a Nueva York en 1945, escribió *sketches* de comedia para la radio y empezó a trabajar para la televisión. También publicó la novela *Beggars Choice* en 1947. A lo largo de todo este período continuó escribiendo obras de teatro: acabó *The Seven Year Itch* en 1952, que logró un gran éxito en Broadway, triunfo que repetiría con *Will Success Spoil Rock Hunter?* Axelrod escribió su primer guión para Hollywood, **Phffft**, en 1954. Adaptó **The Seven Year Itch** para la pantalla grande (Billy Wilder, 1955, *La tentación vive arriba*). La protagonizó Marilyn Monroe, que también interpretaría la adaptación de Axelrod de **Bus Stop*** (Joshua Logan, 1956). Consiguió una nominación al Oscar con su guión de la novela de Truman Capote **Breakfast at Tiffany's** (Blake Edwards, 1961, *Desayuno con diamantes*), y luego dio un giro a su carrera con el *thriller* de la guerra fría **The Manchurian Candidate** (John Frankenheimer, 1962, *El mensajero del miedo*). Escribió guiones hasta finales de la década de 1980.

entrevista

Durante la década de 1950 tuve una importante carrera como dramaturgo y estrené siete obras en Broadway. Una noche estaba sentado en mi humilde apartamento de Nueva York y sonó el teléfono. La voz del otro lado de la línea dijo: "Soy Billy Wilder, llamo desde California. Lo primero que tienes que hacer mañana es subirte a un avión y venir a Hollywood porque te necesito aquí con mucha urgencia, y no puedo permitirme perder el tiempo con tonterías". Yo admiraba tremendamente a Billy y anhelaba trabajar con él, y así empecé como guionista. Aunque mi experiencia hasta entonces se había limitado al teatro, no me costó nada escribir una película, y no me estoy refiriendo a anotar "Escena 93, exterior, casa de Mary". Cualquiera sabe escribir eso.

En aquellos tiempos, los guionistas de Hollywood ocupaban el peldaño más bajo de la escalera. "No es más que un guionista", decían. Con el tiempo Hollywood empezó a contratar a escritores (que no eran guionistas), eso cambió la situación, pero los productores y directores eran los auténticos reyes. El guionista estaba casi peor considerado que el especialista. Yo no me puedo quejar porque escribir me permitió vivir bien, y no tener que ir a un despacho, aunque debes tener cuidado porque esta actitud incita a la pereza.

                    PAUL
              (reading)
          Forget me, beautiful child, and may
          God be with you. Jose."

                    HOLLY
              (after a moment)
          Well?

                    PAUL
          In a way it seems quite honest….
          touching even…

                    HOLLY
          Touching? That square-ball jazz!

                    PAUL
          After all, he says he's a coward…

                    HOLLY
          All right, so he's not really a
          super-rat… or even a regular
          rat…he's just a scared little
          mouse.. but oh, gee, golly, damn...

She jams her fist into her mouth and begins to cry.

                    PAUL
          Well, so much for South America. I
          never really thought you were cut
          out to be the Queen of the Pamas
          anyhow.
              (to driver)
          Croyden Hotel.

                    HOLLY
              (to driver)
          Idlewood! (to Paul) The plane
          leaves at twelve and on it I plan o
          be…

                    PAUL
          Holly, you can't…

                    HOLLY
          Et pourquoi pas? I'm not hot-
          footing it after Jose, if that's
          what you think. No, as far as I'm
          concerned he's the future President
          of Nowhere. It's only, why should I
          waste a perfectly good plane
          ticket? Besides, I've never been to
          Brazil…

Holly reaches for her suitcase, opens it and takes out a
dress.

                    HOLLY (CONT'D)
          Please, darling, don't sit there
          looking at me like that. I'm going
          and that's all there is to it.
          Really you know, I haven't much
          choice…and what do I have to lose…
          except for the nickels put up for
          bail… bless O.J.'s heart…anyway,
          once on the coast I helped him win
          more than ten thousand in one poker
          hand. So I figure we're square…

As she talks she is pulling her sweatshirt over her head.

                    HOLLY(CONT'D)
          Now all they want from me are my
          services as a state's witness
          against Sally. Nobody has any
          intention of prosecuting me…to
          begin with they haven't a ghost of
          a chance…But even so…

She pulls the dress on over her head, then removes the blue
jeans under it. Then she finds a pair of shoes and the
dressing operation is now complete.

                    HOLLY (CONT'D)
          …this town's finished for me. At
          least for a while. They'll have the
          rope up at every saloon in town…I
          tell you what you do, darling…when
          you get back to town I want you to
          call The New York Times…or whoever
          you call…and mail me a list of the
          fifty richest men in Brazil. The
          fifty richest …regardless of race,
          color or present matrimonial
          status…

She suddenly becomes aware of the Cat who has climbed onto
her lap. She looks quickly out the window to see where they
are. The car is moving through a street in Spanish Harlem.

                    HOLLY (CONT'D)
              (to the chauffeur)
          Stop here!

                    PAUL
          What are you doing?

Holly ignores him. The car pulls up to the curb. Holly opens
the door and, carrying the Cat, steps out.

EXT. HARLEM STREET - (DAY)

We find ourselves in a savage, garish neighborhood, garlanded
with poster portraits of movie stars and Madonnas. The
sidewalk are littered with fruit-rind and rotted newspaper
are hurled about by the wind. Holly stands for a moment
holding the Cat. She scratches his head and talks softly to
him.

                    HOLLY
          What do you think? This ought to be
          the right kind of place for a tough
          guy like you. Garbage cans…rats
          galore…plenty of cat-bums to gang
          around with… (she drops the Cat to
          the sidewalk) So scram!

Paul gets out of the car.

                    PAUL
          Holly…

The Cat looks up at her questioningly.

                    HOLLY
              (to the Cat) I said beat it!

The Cat rubs up against her leg.

                    HOLLY (CONT'D)
              (Angrily pushing the cat with her
              foot) I said take off!

She jumps back into the car. Paul stands watching.

                    HOLLY (CONT'D)
          All right then…you can take off
          too!

She starts to close the door. Paul catches it and holds it
open.

                    HOLLY (CONT'D)
          Let go of the door! I'll miss the
          plane! Come on, driver, let's go!

She jerks the door closed. Paul reaches into his pocket,
takes out the red plush Tiffany box and tosses it to her
throw the window.

                    PAUL
          Here…I've carried this thing around
          for months…I don't want it any
          more.

CLOSE SHOT - HOLLY - (DAY)

She opens the box and sits staring at the ring. The car
starts and pulls away.

EXT. STREET - (DAY)

Paul stands watching the departing car. The rain has stopped
now and patches of blue are beginning to show between the
clouds. At the corner and the limousine stops for a light.
Suddenly the door opens and Holly jumps out. She is running
back toward him across the wet sidewalk. In a moment they are
in each other's arms. Then she pulls away.

                    HOLLY
          Come on, darling, we've got to find
          Cat…

Together they dash up the block and into an alley in the
direction the Cat had gone.

                    HOLLY (CONT'D)
              (Calling) You cat! Where are you?
          Cat! Cat! Cat!(to Paul) We have to
          find him…I thought we just met by
          the river one day…that we were both
          independent….but I was wrong…we do
          belong to each other. He was mine!
          Here Cat, Cat, Cat! Where are you?

Then they see him, sitting quietly on the top of a garbage
can. She runs to him and gathers him in her arms.

                    HOLLY (CONT'D)
              (to Paul, after a moment) Oh
          darling… (But there are no words
          for it

                    PAUL
          That's okay.

They walk in silence for moment, Holly carrying the Cat.

                    HOLLY
              (In a small voice) Darling?

                    PAUL
          Yeah?

                    HOLLY
          Do you think Sam would be a nice
          name for Cat?

As they continue to walk up the street -

                    FADE OUT.

5

6

7

8

9

(1-9) "Siendo sincero, al final de **Breakfast at Tiffany's** se le dio un tono demasiado sentimental, pero lo que hizo que funcionara misteriosamente fue la lluvia. La lluvia suaviza la realidad de un modo curioso y hay algo romántico en dos personas que hacen el amor bajo ella. ¡La he utilizado mucho! Le asombraría lo que puede hacer en una película. El ardid del maldito gato del final también tiene algo de falso y tramposo. El gato aparece a lo largo de toda la película, pero Holly (Audrey Hepburn) no le da ningún nombre (se dirige a él simplemente como 'Eh, Gato') hasta el final, que se vuelve muy romántica. Al público le encanta este tipo de personaje que reaparece de vez en cuando durante toda la película. En los guiones, la familiaridad no genera desprecio, siempre produce comodidad."

Resulta tan tremendamente fácil decir: "Hoy no tengo ganas de escribir una maldita escena. ¡Mejor lo consulto con la almohada!". No tienes jefe, nadie que te diga: "Siéntate ahí y escribe la maldita escena", salvo tú mismo, claro, y yo no suelo ser tan severo conmigo mismo.

Durante ese período, los guionistas estaban sometidos a la censura que imponía la Oficina Hays de acuerdo con los criterios del Código de Producción Cinematográfica. Mi lucha con ellos era constante. Me peleaba todos los días. Además, también estaba la católica Legión de la Decencia. El tipo de la Legión decía: "Veamos, George, ¿no sería mejor que llamara a monseñor Biddle para que se sentara contigo a escribir la escena?", a lo que yo respondía: "Muchas gracias, muy amable por parte de ambos, pero la verdad, no creo que me apetezca mucho". Incluía a propósito cosas verdaderamente espantosas en el guión para que me exigieran que las eliminara. Luego aceptaba cortarlas para poder conservar un par de detalles que me interesaban. Era una batalla continua. Estaban obsesionados con cualquier connotación sexual, lo que hacía que la escritura se convirtiera en una tarea casi imposible. Era como escribir con la mano derecha atada a la espalda, y, a medida que avanzabas, terminabas censurándote a ti mismo.

Por ejemplo, mientras escribía **Bus Stop**, me decía: "¿No sería magnífico que el ordinario *cowboy* Beau entrara ahí y se follara a Marilyn? ¿Y que mientras se la estuviera tirando recitara el Discurso de Gettysburg para demostrar que es culto?". Sin embargo, en la versión definitiva del guión, Beau irrumpe en la habitación y simplemente se queda junto a la cama recitando el discurso, algo que ni de lejos resultaba tan eficaz como si hubiera dicho: "Hace ochenta y siete años nuestros antepasados fundaron una nueva nación en este continente" mientras se la tiraba, eso sí era una escena graciosa. ¡Pero no me dejaban hacerla! El guión de **The Seven Year Itch** fue destrozado por la censura. La obra de teatro se basa en un tipo que se tira a una dama mientras su esposa está de vacaciones. En el guión de la película no se le permite acostarse con la dama. Por tanto, su sentimiento de culpa es absurdo, pese a que es precisamente ese sentimiento el que hace que la obra funcione. Todas sus fantasías, como cuando se imagina que su mujer le dispara al descubrir lo que ha sucedido, no tienen ningún sentido si no se ha follado a la chica.

Además de los problemas con la Oficina Hays, **The Seven Year Itch** no acabó de funcionar como guión cinematográfico. La obra de teatro era más claustrofóbica; la imaginación de Sherman volaba más allá del apartamento. Al diversificar las localizaciones, como se hace en la película, se disipaba buena parte de la tensión. En general, puede afirmarse que ciertas historias no funcionarán como películas. El truco de una buena adaptación radica en saber encontrar el meollo de la obra en cuestión para a continuación trasladarlo y ubicarlo en el otro medio. Es como descubrir el código genético de la novela o la obra de teatro y saber cómo reconstruirlo conservando su integridad. No resulta sencillo. Un guión es el tipo de texto más difícil de escribir. Cuando alguien lee un libro, puede volver atrás y ver qué pasaba para aclarar algo. El cine se desarrolla siempre en un presente continuo y, como guionista, no se te permite ningún error porque los espectadores serán muy críticos. En esencia, dispones de 10 minutos al principio del guión para captar el interés y ganarte la confianza del público. Éste aceptará que le cuentes cualquier cosa durante 10 minutos; si le gusta, seguirá contigo mientras te mantengas fiel a tus premisas.

Cuando escribo un guión me dejo llevar por el instinto. Si me aburro, el público se aburrirá, si no me emociona lo que escribo, el público tampoco se emocionará. En esos casos me tomo un respiro y un par de días después vuelvo al guión e intento descubrir qué era lo que no funcionaba. Entonces se me ocurre que debería entrar en escena un nuevo personaje o lo que sea. Gran parte de este proceso

1

2

4

Breakfast at Tiffany's: "Holly Golightly era una invención completa de Truman Capote (2-3). No utilicé nada de su trama porque en el libro no había ninguna historia, pero no me inventé el personaje. Lo que no funciona en **Breakfast at Tiffany's** es el ridículo personaje que interpreta Mickey Rooney (4) y que Blake [Edwards, el director] se empeñó en incluir. Cada vez que aparecía, yo le decía: 'Por Dios, Blake, ¿es que no ves que está reventando la película?'. Y él me replicaba: 'En esta película necesitamos comedia, y el personaje de Mickey es gracioso'. Pero éste: a) no es gracioso en la película, y b) no tiene la menor relación, se mire por donde se mire, con el resto de la historia. Convencí a Audrey para que volviera a filmar la última escena, que era la única en la que aparecía con ese personaje, para poder eliminar todo el material de Rooney. Sin embargo, Blake lo conservó." (1) Axelrod con Audrey Hepburn en localizaciones para **Paris When it Sizzles** (Encuentro en París).

3

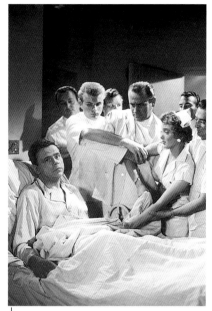

1

2

3

(1-3) "En **The Seven Year Itch**, Richard
Sherman [Tom Ewell] nos cae bien porque está
cagado de miedo y agobiado por un sentimiento
de culpa. Su historia es, en lo fundamental, verí-
dica. Un verano, cuando mi esposa se había ido
con los niños, me quedé atrapado en Nueva
York y tuve un lío parecido con una chica espléndida. Me sentía tan culpable que creí que me
iba a morir. Entonces pensé: bien, escribamos sobre la culpa. Nunca escribí nada que no estuviera basado en la realidad. Casi todo mi material
se basa en una persona real." (4-5) Cambios en
el borrador de **The Seven Year Itch**.

2-1-2

Dr. Brubaker

This is therefore why my book is to be published with a cover
depicting Gustav Meyerheim in the very act of attacking one of
his victims....

Richard

I must take the responsibility for the cover myself, Doctor....

Dr. Brubaker

And also for making Meyerheim's victim -- all of whom, incidentally, were middle-aged
women -- resemble in a number of basic characteristics, Miss
Betty Grable?

Richard

I'm afraid so, Doctor. Don't you think there would be something
just a little distasteful about a book jacket showing a man attacking
a middle aged lady?

distasteful Dr. Brubaker

And it is less of the lady is young and beautiful?

Richard

At least, if a man attacks a young and beautiful girl, it seems
more...Oh my God.

START FROM   reminisced and
Here?   (He shudders)
Brubaker
Dr.

I beg your pardon.

Richard

Nothing. Doctor, if you don't like the cover, I'll see if I can
have it changed...

Dr.

I would be much obliged.

Richard

Doctor.

Dr. Brubaker

Yes?

Richard 90 per cent of the population is in need of
You say in the book that everyone in the world should be psychoanalysis
some sort of psychiatric help?

Dr. Brubaker

This is theoretically true. It is not however practical.
There is the matter of cost...

Richard

With your own patients -- are you very expensive.

Dr. Brubaker

Very. I demand and get fifty dollars an hour.

Richard

I'm sure you occasionally make exceptions—

4

2-1-3

Dr. Brubaker

Never.

once in a while a case must   Richard

I mean, comes along
that interests you...

Dr. Brubaker

at fifty dollars an hour all my cases interest me...

You should run into   Richard

I mean if something really spectacular. Another
Gustav Meyerheim for example...

(Dr. Brubaker must look at him)

Brubaker

If Meyerheim desired my help it would cost him fifty dollars
an hour.

Richard

Doctor. Tell me frankly. Do you think, just for example, that
I need to be psychoanalysed?

Dr. Brubaker

Very possibly. I could recommend several very excellent men --
who might perhaps be a little cheaper. Say twenty dollars an
hour.

RICHARD

Richard   How much cheaper?

I couldn't even afford that...

DR. B

Dr. Brubaker   Oh,,,,,

I thought not. Now to get back to...

Richard

I wondered if possibly, you might give me some advice...

Dr. Brubaker

I know. Everyone wonders that.

Richard

I'm desperate doctor...Last night, after you left, I was just
sitting here listening to the baseball game...

Dr. Brubaker

This fact in itself is not really sufficient cause to undertake
analysis...

Richard

No, I don't mean that. I started out listening to the ball game.
My wife and child are away for the summer you see --

Dr. Brubaker

Fifty dollars an hour... I have a new colleague...Dr. Samuels...

Richard

I don't know what came over me. I was listening to the ball game
and do you know what I ended up doing...

Dr. Brubaker

(DR. BEGINS TO gather his papers)

5

es intuitivo y, me temo, algo que no puede enseñarse. Puedes enseñar gramática y a escribir frases claras con un principio y un final, pero no puedes enseñar escritura creativa. Leo con voracidad para compensar mi carencia de una educación formal. Si alguien quiere ser guionista tiene que leer novelas. Los aspirantes a guionistas también tienen que ir al cine, a ver obras dramáticas en el teatro, que son fundamentales por la estructura en tres actos. Pero, sobre todo, lo que tienen que hacer es pelarse el trasero sentados delante de la máquina de escribir. Y tienen que hacerlo así porque la única manera de aprender de verdad a escribir es escribiendo. ¡Por desgracia!

En cierto sentido, no puedes aprender directamente de los grandes escritores, ellos te dan ejemplos que tú intentas igualar pero con escasa fortuna. Te preguntas cómo pudo conseguir [F. Scott] Fitzgerald que la lista de asistentes a las fiestas de Gatsby fuera un fragmento literario de cuatro páginas tan magnífico. No es más que un listado de nombres, pero te cuenta todo lo que necesitas saber sobre Gatsby y el período. Es espléndido y mágico. ¿Hasta qué punto te deslumbra esa fuerza?

No he escrito un tratamiento en toda mi vida. Confeccionaba una escaleta de lo que me parecía iban a ser las escenas principales y el orden en que creía que debían ir, pero nunca escribí un tratamiento. Cada escena se describía en una línea, numeradas del 1 al 20, por ejemplo: (1) ella llega a la casa; (2) él no sabe quién es ella; (3) descubrimos en un *flashback* que la ha enviado allí la policía alemana, y así sucesivamente. Por descontado, el resultado final no tiene nada que ver con eso, pero me siento cómodo teniendo esa escaleta al lado mientras escribo el guión porque significa que existe alguna posibilidad de que lo acabe. Si escribes un tratamiento completo, creo que pierdes la energía que necesitas poner en el guión mismo. Se convierte en un cuento contado dos veces. Tengo que conocer de antemano el principio y el final

para saber hacia dónde me dirijo, pero me encanta dejar abierto el resto y ver qué magia surge de la imaginación (¡y siempre lo he considerado algo mágico!). Una vez que he superado el obstáculo de contemplar esas páginas en blanco, suele gustarme la tarea de escribir. En realidad, no habría sido guionista si no me divirtiera, porque me resulta sumamente difícil escribir si no me lo paso bien durante el proceso.

He aprendido que cuando escribes comedias tienes que seguir una regla: ¡más vale que te haga reír! Cuando de repente me descubro riendo y escribiendo a la vez sé que hemos dado en el blanco. Pienso: "Oh, Dios mío, me has tocado, no juegues conmigo, sólo déjame seguir". Escribo a máquina con dos dedos, y nunca he aprendido a dictar como es debido, porque pierdo algo al hacerlo. Me encanta que las palabras vayan apareciendo una por una, una letra cada vez, en una máquina de escribir. Escribo lo que siento en la cabeza y ni siquiera miro las teclas. De repente, al acabar la página, extraigo la hoja de un tirón y pongo otra. A veces puedo hacer dos o tres páginas así. Sólo las reviso un par de días más tarde, y con frecuencia es mágico. Tal vez sea el inconsciente que toma control. No lo sé. Alguien me dijo que las computadoras eran magníficas para escribir. Con sólo apretar una tecla cambias el nombre de un personaje. Por lo que a mí respecta, ¡si quieres cambiar el nombre de uno de mis personaje antes tienes que ir a los tribunales y tirar el guión a la basura! Forma parte de su identidad. Si quiero hacer un cambio reescribo la página entera y cada vez que pasa por la máquina de escribir mejora y se pule. Consigues que el material funcione reescribiéndolo una y otra vez. Cuando tengo la estructura correcta redacto una versión final, y cuando sabemos quién va a interpretar a los personajes se pule el diálogo para que se adapte a los actores concretos. Es maravilloso escribir un guión cuando sabes por quién va a ser interpretarlo: reduce el número de posibilidades. Ése fue el caso con Audrey Hepburn en

1

2

3

4

(1-4) **The Seven Year Itch**: La imagen de Marilyn Monroe de pie sobre la rejilla de ventilación del metro de **The Seven Year Itch** había sido escrita por Axelrod (3): "Tuvimos que poner a un tipo debajo para que se ocupara de que soplara el viento, y no hacía más que equivocarse una y otra vez, así que le dije: 'Pero bueno, ¿es que no sabemos hacerlo o qué?' y me respondió: 'Es que me encanta mirarle el vestido'." En la obra de teatro, Sherman se siente culpable porque ha mantenido relaciones sexuales ilícitas mientras su esposa estaba fuera. La Oficina Hays no le habría permitido a Axelrod incluir algo tan explícito en la película.

ROLL 122-1

ROLL 122-5

R 122-2

R 122-6

ROLL 122-9

R 122-3

R 122-7

R 122-10

2

3

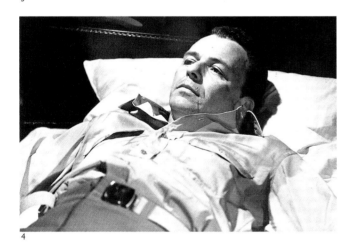

4

United Artists Corporation

729 SEVENTH AVE.
NEW YORK

VICE PRESIDENT
TELEPHONE CIRCLE 5-6000

February 26, 1963

Mr. Howard Koch
M. C. Productions
5451 Marathon
Hollywood 36, California

Dear Mr. Koch:

Re: MANCHURIAN CANDIDATE - Hong Kong

We have just been informed by our Manager in Hong Kong that
MANCHURIAN CANDIDATE has been irrevocably banned by the Censor authorities.

Although we lodged the strongest possible appeal the Censors
decision could not be reversed.

Kindest regards.

Sincerely,

Alfred Katz

/la

5

(1-4) **The Manchurian Candidate**: "Raymond [Laurence Harvey] era
sumamente antipático, algo muy raro en un papel protagonista. Pero tanto
él como su madre eran personajes muy interesantes (3). A la United Artists
le repugnaba la película entera. No habría conseguido hacerla si no hubiera
logrado embaucar a Sinatra para que participara". Como las sátiras sexuales de George, **The Manchurian Candidate** también sufrió la censura
de su época (5). (1-2) Axelrod en los decorados de la película con el protagonista, Frank Sinatra.

1

(1) Monroe, con Billy Wilder y su profesora de interpretación, y con Axelrod (3). "Siempre supe de algún modo instintivo que Marilyn era especial, muy especial, y que tenía que tratársela de una manera también especial. Nadie sabía en realidad cómo, aunque creo que Billy lo consiguió un poco. Era una criatura extraordinariamente frágil, pero la cámara la adoraba. Durante un tiempo, tuve una casa enfrente de la entrada posterior del hotel Beverly Hills. Un día estaba comiendo con Marilyn, discutiendo sobre el trabajo, y le dije que fuéramos a casa a seguir hablando. Para llegar a mi casa teníamos que pasar por detrás de las pistas de tenis, se aferró a mí y me dijo: 'Siempre tengo que agarrarme a algo cuando estoy en sitios espeluznantes'. Para ella, un lugar espeluznante era la parte posterior del hotel Beverly Hills. Vivía sumida en un terror desgarrador. Aquello era muy triste. En un mundo como es debido, habría estado en un manicomio." (2, 4) Fotogramas de **Bus Stop**.

2

3

Breakfast at Tiffany's y en **Paris When it Sizzles**. **Bus Stop** fue escrita de manera específica para Marilyn Monroe. Podía escuchar su voz. Cuando escribes el guión, sabes que Audrey jamás diría unas palabras determinadas, así que las descartas, o que Marilyn sería incapaz de decir algo que se te ha ocurrido ¡porque tiene dos sílabas! Conocía bien a Frank Sinatra (que protagonizó **The Manchurian Candidate**) y comprendía su ritmo al hablar, así que supe cómo mantener su diálogo dentro de los límites en que podía dar lo mejor de sí mismo.

Empecé a trabajar en **The Manchurian Candidate** porque había leído una crítica del libro y me pareció interesante. Trata de una patrulla que cae prisionera en la Corea comunista, les lavan el cerebro y luego los liberan para que saboteen el mundo. Así que crucé la calle, fui a una librería y me compré dos ejemplares. Tras leerlo, llamé a Frankenheimer [el director] y le dije: "John, ven a casa, toma este libro y léetelo". Se lo leyó por la noche y me dijo: "Dios, tenemos que hacerlo, pero el único modo de conseguir que la United Artists compre esta basura subversiva es que consigamos implicar a una estrella". Así que volamos a Miami, donde Sinatra actuaba en un *nightclub*, le dimos el libro y, como le conocía un poco de antes, le dije: "Francis, hazme un favor y léete esta mierda, ¿lo harás? Léetelo tú en persona, no hagas que alguien te dé una sinopsis; siéntate y dedícale hora y media. ¿Me lo prometes?". Me lo juró y lo hizo. Nos llamó y preguntó: "¿Cuándo empezamos?".

La gente se pregunta si es la trama o son los personajes lo que hace avanzar el guión. En teoría, la respuesta correcta es que el personaje guía la trama y, mediante ella, el guión, pero, bueno, la verdad es que lo que manda es la trama y el personaje ayuda. El personaje no es más que una pieza inventada y por sí mismo no puede imponer nada. Sé que en este punto no coincido con la mayoría, pero ésa es mi opinión. Sé que existe el peligro de inventar personajes cuya única función sea servir a la trama, pero dado que tengo oído para el diálogo, puedo conseguir que el personaje más inverosímil parezca creíble durante cierto tiempo. Para los diálogos escucho a la gente, y mientras escribo me leo las frases en voz alta. En el cine no puedes incluir tanto diálogo como en el teatro, por tanto procuras que el material sea lo más visual posible. Cuando empecé a escribir guiones, descubrí que me excedía con los diálogos, así que resultó un alivio recortarlos y traducirlos en imágenes. Aprendí a hacerlo de forma bastante rápida.

Siempre me da la impresión de que las películas se alargan interminablemente, así que una vez acaba la historia, pongo "Fin" y me alejo corriendo. Uno de los mayores defectos en las formas dramáticas es que todo el mundo escribe más allá del fin. Yo prefiero dejar que el público piense un poco. **The Seven Year Itch** llega a la resolución de forma muy rápida. De golpe, Sherman decide dejar a Marilyn, sale por la puerta y se va a ver a su familia. Fin. Al final de **Tiffany's**, en cuanto los dos personajes se besan, se acabó. A Truman Capote no le gustaba el final: creía que le había dado un tono demasiado sentimental al hacer que la pareja acabe junta y se bese. Pensaba que debería acabar sin que el público supiese si la pareja seguiría. Puede que no sepa muchas cosas, pero sí sé que el público quiere que se lo expliques. Así que puse un final para completar la estructura del guión, que puede que fuera un tanto sentimental. Truman creía que ponía en peligro su obra de arte. No fue así. La película obtuvo un enorme éxito. ¿Qué interés tiene realizar películas que produzcan malestar? No voy al cine para sentirme mal sino para divertirme; del mismo modo que siempre he intentado divertirme cuando escribo. También me he esforzado siempre por hacerlo lo mejor que sabía. Nunca fingí ni engañé.

biografía

Steven Zaillian nació en Fresno, California, en 1953. De joven, Zaillian no sabía muy bien a qué quería dedicarse, aunque pensaba seguir los pasos de su padre en el periodismo. Sólo tras asistir a un curso de estudios de cine en la Universidad Estatal de Sonoma, California, empezó a interesarse por la idea de trabajar en este medio. Tras la facultad consiguió un empleo como montador en una productora de películas de serie B. Allí entabló amistad con

steven zaillian

algunos de los actores que intervenían en los filmes. Juntos empezaron a entender lo que implicaba hacer cine y se creyeron capaces de realizar ellos mismos una película. Lo único que de verdad necesitaban era un guión, y así empezó a escribir Zaillian. Había escrito dos guiones cuando vendió el tercero, "Bad Manners". Un productor que se vio superado en la puja por éste le encargó que escribiera otro guión, "Alive". Aunque no llegó a convertirse en película, "Alive" llamó la atención del director John Schlesinger, que le pidió a Zaillian que escribiera el guión de **The Falcon and the Snowman** (1984, *El juego del halcón*). Ése fue el primer guión de Zaillian que se llevó a la pantalla grande. Desde entonces ha escrito muchos más, entre ellos el nominado al Oscar **Awakenings** (Penny Marshall, 1990, *Despertares*) y el galardonado con la estatuilla **Schindler's List** (Steven Spielberg, 1993, *La lista de Schindler*), y ha colaborado en otros como **Clear and Present Danger** (Phillip Noyce, 1994, *Peligro inminente*) y **Gangs of New York** (Martin Scorsese, 2002). Además de escribir los guiones, Zaillian también ha dirigido **Searching for Bobby Fischer** (1993, *En busca de Bobby Fischer*) y **A Civil Action** (1998, *Acción civil*).

entrevista

Las historias que escribo suelen estar arraigadas en el mundo real. Son casi una combinación de documentales y películas dramáticas. Mi padre era periodista y las películas que de verdad me decían algo cuando estaba en la facultad eran las que parecían la vida real, como las neorrealistas y las de la *nouvelle vague* francesa. **Ladri di biciclette** (*Ladrón de bicicletas*) y **Les quatre cents coups** (*Los cuatrocientos golpes*) ejercieron una gran influencia sobre mí.

Debería ser normal que las películas nos afectaran de ese modo, y sobre todo debería ser así hoy en día. Las décadas de 1960 y 1970 fueron un buen período para el cine estadounidense, pero desde que se estrenó **Rocky***, todo cambió en Hollywood. De pronto, las películas tenían que tratar de una persona que triunfa y supera las adversidades. Debían tener un final feliz. Cada vez se fue haciendo más difícil realizar historias sobre gente real que lucha e incluso es posible que fracase. Cuando intento vender una historia sobre alguien que triunfa pese a fracasar, los ejecutivos de los estudios me miran fijamente con ojos vidriosos, no saben de qué les estoy hablando. Pero son las historias que me interesan, historias sobre gente que, aunque esté perdiendo, sigue luchando. Para que quiera dedicar un año o más de mi vida a escribir un guión, la historia tiene que poseer ciertos valores.

Lo primero que me engancha es una sensación o un tono, a veces una idea. En el fondo, creo que el guión trata de una idea: el personaje sirve a esa idea, la trama sirve tanto al personaje como a la idea. Esa idea puede resultarme extraña y familiar al mismo tiempo. **Schindler's List** me era completamente ajena en lo que respecta a los detalles concretos de su historia, pero sus ideas tenían algo muy familiar para mí. Necesito sentir que esas ideas no se refieren sólo al pasado sino que son algo de lo que tengo cierta experiencia o, al menos, de lo que tiene experiencia gente que conozco.

La inspiración para **Searching for Bobby Fischer** provino de una fotografía. El productor Scott Rudin me había dado una pila de artículos, libros e ideas que le interesaban. Enterrado en dicha pila había un librito escrito por el padre de un niño. Fue la fotografía de la cubierta lo que de verdad me llamó la atención: era un niño estudiando una posición de ajedrez sobre un tablero. Sólo tenía 7 años, pero su aspecto era muy serio y adulto. La imagen hizo que me planteara varias preguntas. ¿Por qué estaba ese niño haciendo cosas de adultos? ¿A qué tipo de presiones lo somete esa situación? Como suele suceder en estos casos, me vi arrastrado a un mundo específico, en este caso el ajedrez, en el que se desarrolla la historia, y hacia un personaje muy fuerte dentro de ese mundo. Cada capítulo del libro describe una parte diferente del mundo del ajedrez. Washington Square es un capítulo, el ajedrez en Rusia otro, el competitivo y el académico también tienen los suyos. El autor obviamente había investigado mucho, y sin duda eso era más que suficiente para empezar a escribir un guión. Sin embargo, sentía que necesitaba ver las cosas por mí mismo, así que decidí llevar a cabo mi propia investigación, y eso tuvo sus consecuencias en el guión.

Frecuentando Washington Square conocí a personas en el parque que se convirtieron en personajes de la historia. También asistí a campeonatos escolares de ajedrez. Uno en Knoxville, Tennessee, resultó asombroso. Se celebró en un gimnasio, que se utilizaba habitualmente para acontecimientos deportivos, como el baloncesto. Las primeras veinte filas estaban acordonadas con lo que parecían cintas policiales para asegurarse de que los padres no hicieran señales a sus hijos. Eso inspiró la escena de la película en la que los padres son expulsados físicamente de la cancha. En muchas ocasiones, investigar consiste sólo en verificar algo que espero haber escrito de manera correcta. Así puedo sentirme más seguro de que está bien o realizar algún ajuste para corregirlo. Otras veces, la investigación me sugiere ideas que jamás podría haber imaginado.

En el caso de **Schindler's List** no realicé deliberadamente ninguna investigación hasta haber escrito el primer borrador, porque me había enterado de que otros guionistas de esa película habían investigado a fondo y habían acabado abrumados con tantos datos. Estaba nervioso y temía caer en esa "sobreabundancia" de información que me incapacitaría para ver de manera clara la historia que tenía que contarse. Así que lo hice a la inversa. Escribí primero la historia básica y sólo después hablé con supervivientes y visité Cracovia. Se escribieron otros diez borradores antes de rodar la película, lo que me dio mucho tiempo para investigar selectivamente cuanto necesité.

Antes de ponerme a escribir el primer borrador, trabajo dos o tres meses en un esbozo de la historia. Este esbozo no es un material que vaya a presentar a nadie. Lo componen tarjetas de 3 x 5 pulgadas con los títulos de las escenas e incontables cuadernos legales llenos de notas. Intento hacerme una idea panorámica de toda la película. Necesito saber hacia dónde va la historia y cuáles son los postes indicadores más importantes del camino a recorrer.

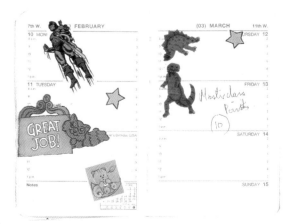

(5) La cubierta del libro sobre Josh Waitzkin, un genio infantil del aje-drez, inspiró a Zaillian para escribir el guión de **Searching for Bobby Fischer**. Zaillian dedicó tiempo a reunir material, como este cuaderno de Waitzkin (3-4), para que le ayudara a hacerse una imagen de la per-sonalidad del niño real. (1-2) Max Pomerac interpretando el papel de Josh Waitzkin en **Searching for Bobby Fischer**.

Outline.doc / Feb., 1991

Rough Outline / Searching for Bobby Fischer

PART I:

Normal kid; Washington Square; learning the game;
Josh is a boy full of life!

PART II:

Pandolfini; lessons; friendship between them; things
still good; childrens' competitions; other parents "not
like us."

PART III:

1st big loss; not invincible; must work to be good;
the real world; happiness wrapped up in Josh's winning;
stripping away of his innocence and interests; trying
to turn him into Bobby Fischer; the nadir: hates
chess but has nothing left.

PART IV:

Reclaiming Josh; recapturing his youth; making him
whole again; and preparing him for the Nationals in an
unorthodox original way.

PART V:

The Nationals.

4

NOTES-3.DOC

* DONE

(Revisions for 2nd Draft)

1-2 * Better/establish Fred at work. DONE / But maybe change montage - show stadium to football stadium.

1-2 * Show Fred (and Bonnie) interacting with people in their world, apart from chess.

1 * Maybe change the location of the scene when Bonnie tells Fred that Josh played chess in the park, from the den to an awards dinner (Fred loses?) or some other work or social function. If it's kept in the den, at least show what his work consists of.

3 * Get in the lines about "How many ballplayers grow up knowing they risk their father's love every time to go up to the plate," and Fred's response right back, "All of them." This just before he goes to California, in a scene where Fred's comparing Josh's losing to a batting slump.

* The Thompson Street Coffee Shop?

2 * What about Pandolfini's connection to Fischer? Maybe he gave up serious play after watching (or playing) Fischer at a young age - much like Josh falls to pieces when seeing Poe play - seeing the beauty of Fischer's game and knowing he'll never be that good, so why do it.

* Get Bonnie out of "the doorway."

1 * Show Bonnie interacting with other moms.

1-2 * Pandolfini (or Vinnie) on the beauty of chess.

1 * Maybe the "beauty of chess, the majesty when it's played well," in the NY Open scene when Pandolfini is comparing Josh to Fischer - or in the Pizza restaurant-Pac Man scene. (Beauty, symmetry, mathematics, etc.)

2 Also, or Josh could talk about this in his words - to his little sister (in his tent?) or Pandolfini or Vinnie (in the scene when Pandolfini first comes to see him play?) - how it's beautiful when the pieces align in a certain way - a work of art - a romantic view of the game.

So - we should hear what the game is to both Josh and Pandolfini. Two different scenes or one with them together? (in an old chess shop?)

* A scene where Josh is taken to see ancient ornate chessmen at an old shop - by Pandolfini (second "lesson" - or before tournament montage?)

* Maybe show/state more about how Josh is a combination of his father and mother (and all fathers and mothers) - the nurturer and the competitor - and subtly raise the question. Which side of Josh is going to win out?

* More between Bonnie and Josh in the scene after 1st big loss - or follow her into the master bedroom for a scene between her and Fred - about decency, and time with dad, etc. (instead of the scene that's there now between Fred and Pandolfini).

* PG-13 - clean up the language. Maybe the scene of Vinnie telling guys to shut he hut up. The guys are talking about drugs or girls.

* Make more frantic at the Nationals - the way Fred used to be - and Fred seeing this like in a mirror.

* Pandolfini admitting somewhere - that Josh (has) surpassed in his vision of the beauty of the game he had long ago?

* One thing that Josh likes (and says) about chess is that unlike other games, card games, etc. - he makes the pieces move, can move them the way he wants - the freedom and beauty of that. It's close to art.

* Prosper Thonlel? phone number not "looking good" advisor?

* Maybe Josh/says something about him being a famous grandmaster. "Like Tal in 1959" - or something.

* The moments of the last game? Guys who come and stand next to "grandmaster" hoping something will rub off on them.

* Follow-up on Vinnie - seeing the car when another great player or hustler moves in?

* Maybe Josh admits he's afraid of losing the special times with his dad if he loses - to his mother. Or she tells this to Fred.

* Bonnie telling Fred - in the Open House scene - or later before L.A. trip - that she's from Josh better than Fred does, having spent much more time raising him.

* Shorter NY Open?

* At the end of the NY Open scene - Pandolfini should talk more about Josh and the beauty of his playing, not just the goal.

(1-4) **Searching for Bobby Fischer**: "En **Searching for Bobby Fischer** (como en **Schindler's List** con el personaje de Amon Goeth) hay un personaje que no cambia en lo más mínimo. El niño continúa siendo el mismo mientras que todos cuantos lo rodean se ven obligados a examinar sus propias personalidades. Es poco habitual, porque normalmente es el protagonista el que cambia". (1) Borrador para el guión. (2-3) Notas con revisiones de Zaillian para el segundo borrador de la película.

                              SCHINDLER
                         (impatient)
                    What?

                              STERN
                    There's a machinist outside who'd
                    like to thank you personally for
                    giving him a job.

          Schindler gives his accountant a long-suffering look.

                              STERN
                    He asks every day. It'll just take a
                    minute. He's very grateful.

          Schindler's silence says, Is this really necessary? Stern pretends
          it's a tacit okay, goes to the door and pokes his head out.

                              STERN
                    Mr. Lowenstein?

          An old man with one arm appears in the doorway and Schindler
          glances to the ceiling, to heaven. As the man slowly makes his
          way into the room, Schindler sees the bruises on his face. And
          when he speaks, only half his mouth moves; the other half is
          paralyzed.

                              LOWENSTEIN
                    I want to thank you, sir, for giving
                    me the opportunity to work.

                              SCHINDLER
                    You're welcome, I'm sure you're doing
                    a great job.

          Schindler shakes the man's hand perfunctorily and tells Stern with
          a look, Okay, that's enough, get him out of here.

                              LOWENSTEIN
                    The SS beat me up. They would have
                    killed me, but I'm essential to the
                    war effort, thanks to you.

                              SCHINDLER
                    That's great.

                              LOWENSTEIN
                    I work hard for you. I'll continue
                    to work hard for you.

                              SCHINDLER
                    That's great, thanks.

                              LOWENSTEIN
                    God bless you, sir.

                              SCHINDLER
                    Yeah, okay.

                              LOWENSTEIN
                    You're a good man.

          Schindler is dying, and telling Stern with his eyes, Get this
          guy out of here. Stern takes the man's arm.

                              STERN
                    Okay, Mr. Lowenstein.

                              LOWENSTEIN
                    He saved my life.

                              STERN
                    Yes, he did.

                              LOWENSTEIN
                    God bless him.

                              STERN
                    Yes.

          They disappear out the door. Schindler sits down to his meal.
          And tries to eat it.

          73   EXT. FACTORY - LATER - DAY   73

          Stern and Schindler emerge from the rear of the factory. The
          limousine is waiting, the back door held open by a driver.
          Climbing in -

                              SCHINDLER
                    Don't ever do that to me again.

                              STERN
                    Do what?

          Stern knows what he means. And Schindler knows he knows.

                              SCHINDLER
                    Close the door.

          The driver closes the door. Stern slowly smiles.

          74   EXT. GHETTO GATE - DAY   74

          Snow on the ground and more coming down. A hundred of Schindler's
          workers marching past the ghetto gate under armed guard, showing
          their identity cards with the holy Blauschein.

44

guionistas

(1-8) **Schindler's List**: "Esta escena es la primera vez que Schindler tiene que afrontar cuáles son sus sentimientos hacia los judíos que trabajan en su fábrica. Su oficinista Stern [Ben Kingsley] fuerza una situación en la que Schindler tiene que mirar a la cara a sus trabajadores. Stern espera que eso haga que Schindler empiece a sentirse responsable de ellos. Lo que éste le dice a Stern es, en esencia: 'No quiero ser esa persona, así que no me hagas esto a mí'. Por si el público no lo captaba, la idea se repite en la escena siguiente. Nada de esto se dice explícitamente. A menudo, en una escena no puedes escuchar las palabras, tienes que adivinar lo que los personajes no dicen, o qué mentira cuentan. En la vida real la gente casi nunca dice la verdad. El momento clave de la primera escena es la frase: 'Usted es un buen hombre'. El diálogo tiene que ser lo bastante largo para que esa frase parezca natural y funcione".

3

6

4

7

5

8

1

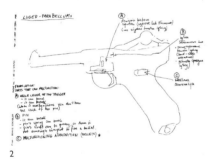

2

3

(1-5) **Schindler's List**: Zaillian entrevistó al superviviente Poldek Pfefferberg para informarse sobre el mercado negro en Cracovia (4). En una escena, el comandante Goeth [Ralph Fiennes], no puede matar a una trabajadora porque la pistola no funciona (5). Zaillian estudió varias posibilidades para estropear la pistola (2-3).

+ The blackmarket (according to Pfefferberg)

Forbidden, illegal. Jews were expected to live on their rations and not buy or sell anything.

Everything was hard to get, you could triple the price.

Dangerous because of informers.

Because of his looks and attitude, Pfef could get away with it.

Most dealings took place in private homes. Also on the street, but it was dangerous just to be seen talking to someone.

St. Mary's Church. Dark. Sit and pray and deal. Guy like Pfefferberg goes in, deals with another Jew or with a Catholic.

Once he exchanged a million zloty (in two suitcases) for occupation currency minus the 15% payoff to his friend at the Reich Bank that did it and his own commission.

Most of the time people would sell stuff to buy food.

No Jewish stores owned by Jews by 1940.

Often times the goods would be bought and sold five times through middle men before reaching the actual buyer.

A guy had a good wine cellar in the ghetto. Pfefferberg would sell to Schindler and others.

The shoe polish deal: Pfef bought lots of shoe polish from a guy (in glass containers), sold it to a German who sold it to sold it to the Army - but, because of the cold, the glass broke; the guy blames Pfef who blames the guy who sold it to him, tells him he'll give his name if he doesn't replace it with metal containers. Done.

Cotton wicks for gas lamps. Pfef buys a couple hundred yards of it from one German-run company and sells it to another German-run company; made a lot of money.

Something about syrup (for scarce sugar).

4

SCHINDLER'S LIST   95.   FINAL DRAFT

                    GOETH
          That's very good. What I don't
          understand, though, is - you've been
          working since what, about six this
          morning? Yet such a small pile of
          hinges?

He understands perfectly. So does Levartov; he has just crafted his own death in exactly 75 seconds. No one looks up from their work as Goeth leads the rabbi past their benches and out the door. He stands Levartov against a low wall, and adjusts his shoulders. Behind the condemned man, workers pushing stone trolleys veer to the edges of the angle of probable trajectory of stray bullets <u>before</u> Goeth pulls out his pistol. He sets the barrel against the rabbi's head and pulls the trigger - click.

                    GOETH
                 (mumble)
          Christ -

Annoyed, Goeth extracts the bullet-magazine, slaps it back in and aims at the ground. Click. Groaning to himself, he pulls out another gun, puts its barrel against Levartov's head. He pulls the trigger and the rabbi's head sways as if it could absorb the impact of the bullet like a punch. But again there's only a click.

                    GOETH
          God <u>damn</u> it -

                    LEVARTOV
          Herr Commandant, I beg to report that
          my heap of hinges was so
          unsatisfactory because the machines
          were being recalibrated this
          morning - I was put on to shovelling
          coal.

He slams the weapon across Levartov's face and the rabbi slumps dazed to the ground. Looking up into Goeth's face, he knows it's not over. As Goeth walks away with his faulty guns -

171 EXT. PLASZOW - DAY   171

A gold lighter in Schindler's hand flames a cigarette.

                    SCHINDLER
          The guy can turn out a hinge in less
          than a minute? Why the long story?

He hands the gold lighter to Stern and walks away toward a D.E.F. truck being loaded with supplies.

Estas indicaciones son las escenas que resultan esenciales para contar la historia. En las tarjetas describo la parte fundamental de cada escena, cuál podría ser la localización, o un personaje, o una acción o una frase de diálogo. En esta fase sólo escribiré diálogos si son la clave de la escena. Todas las escenas tienen una "clave" o un punto que hay que subrayar, y puede estar al principio, en el medio o al final. El resto es mera decoración para que esa acción suceda, se digan esas palabras o entre esa pieza de música.

Cuando he decidido cuáles van a ser media docena de esas "escenas-señal" y me he convencido de que sé lo bastante sobre la historia, comienzo a escribir. Es una cuestión delicada saber cuándo empezar, dado que en mi opinión es posible saber demasiado de una historia. Durante la escritura todavía debería producirse algún descubrimiento. De hecho, la escritura del guión suele exigirme poco tiempo. Empiezo en la primera página; no me salto escenas, y si una escena no acaba de funcionar o no me gusta, la resolveré de un modo u otro, pero no me la saltaré para ir a otra parte de la historia. A menudo, lo que al final sale bien es algo que sucede entre esas "escenas-señal", en ese espacio que desconozco de antemano cómo va a ser.

Con frecuencia seré el único que lea el primer borrador. El segundo se lo daré a amigos y gente en cuya opinión confío y a los que admiro. Por último, entregaré el tercer o cuarto borrador al estudio, cuando crea que está hecho el 90 por ciento del trabajo. Si el estudio me devuelve veinte páginas de notas, no hay razones para seguir, porque yo ya estoy satisfecho en un 90 por ciento con el guión. La mayoría de sus notas son sobre cómo hacer el personaje o la trama más claros. Lo habitual es que intente explicarles que ya están lo bastante claros. El peligro es que si aclaras algo demasiado parece que estés tratando al público como si fuera infantil. De manera inevitable, quedarán por hacer de seis a diez borradores más, pero se trata de cuestiones de detalle más que de replantearse

nada importante. La mayor parte de ese trabajo consiste en recortar. Cuando recortas, quitas algo que tienes que arreglar con alguna otra cosa, y eso requiere tiempo.

En **Schindler's List** escribí primero un guión muy breve. Cuando digo breve me refiero a 130 páginas, lo que para otros sería ya un guión largo. Ese primer borrador era sólido en lo que respecta a la narración de la historia. Cuando Spielberg se involucró, me animó a añadir detalles que él había oído o que estaban en el libro pero no eran necesarios para narrar la historia. Fue la primera vez que alguien me animaba a añadir escenas que no estaban determinadas específicamente por la trama ni por los personajes. Si tienes demasiadas escenas de ese tipo corres el peligro de salirte de la vía señalizada y puede que no seas capaz de volver atrás. Pero si las escenas no hacen descarrilar la historia pueden brindarte una imagen más completa porque te permiten tocar acontecimientos en los márgenes con una perspectiva distinta de los que ocurren en el centro. Necesitas una historia lo bastante organizada y sencilla, y que sepa hacia dónde va antes de añadir esas escenas ajenas al tema principal. **Schindler's List** puede parecer una gran historia, pero a poco que la examines, verás que está contada de una manera muy sencilla. Para desarrollar todas las historias posibles me impuse como norma que no hubiera ninguna escena que no tuviera algo que ver con Schindler. Incluso así podría haberse alargado el guión, convirtiéndose en una narración inmanejable, de modo que tuve que centrarme en ciertos aspectos de la trama. Me concentré en contar la historia del Holocausto desde el punto de vista de los negocios. Seguí al dinero porque ése era el mundo en el que se movía Schindler y eso era lo que le interesaba.

Mis guiones suelen ser más largos que la media porque intento imaginarme, para mis propias necesidades, qué está sucediendo en cada escena. Por ejemplo, menciono lo que está pensando la persona, y qué aspecto tiene.

EXT. BRINNLITZ - DAY

All eleven hundred of them, a great moving crowd coming
forward, crosses the land laying between the camp, behind them,
and the town, in front of them.

Tight on the FACE of one of the MEN.

Tight on TYPEWRITER KEYS rapping his NAME.

Tight on A PEN scratching out the words, "METAL POLISHER" on a
form.

Tight on the KEYS typing, "TEACHER."

Tight on his FACE in the crowd.

Tight on the face of a woman in the moving crowd. The keys
typing her name. The pen scratching out "LATHE OPERATOR" The
keys typing "PHYSICIAN." Tight on her face.

Tight on a man's face. His name. Pen scratching out
"ELECTRICIAN." Keys typing "MUSICIAN." His face.

A woman's face. Name. Pen scratching out "MACHINIST."
Keys typing "MERCHANT." Face.

The names and faces of everyone we recognize, and their
professions before the war.

"CARPENTER." Face. "SECRETARY." Face. "DRAFTSMAN." Face.
"PAINTER." Face. "JOURNALIST." Face. "NURSE." Face.
"JUDGE." Face. Face. Face. Face.

                                        HARD CUT TO:

EXT. FRANKFURT - DUSK

A street of apartment buildings in a working class
neighborhood of the city.

From somewhere, like a memory, echo the distant, plaintive
strains of "Gloomy Sunday."

Legend: Frankfurt, Germany, 1955

INT. APARTMENT - DUSK

A 78 of the melancholy Hungarian love song turns beneath the
needle of a cheap hi-fi.

The door to the modest apartment opens and Oskar Schindler is
revealed inside. The elegant clothes are gone but the familiar
smile remains.

                    SCHINDLER
          Hey, how're you doing?

It's Poldek Pfefferberg out in the hall.

                    PFEFFERBERG
          Good. How's it going?

                    SCHINDLER
          Things are great, things are
          great.

Things don't look so great. Schindler isn't penniless, but
he's not far from it, living alone in the one room behind him.

                    PFEFFERBERG
          What are you doing?

                    SCHINDLER
          I'm having a drink, come on in,
          we'll have a drink.

                    PFEFFERBERG
          I mean where have you been?
          Nobody's seen you around for a
          couple of weeks.

                    SCHINDLER
               (puzzled)
          I've been here. I guess I haven't
          been out.

                    PFEFFERBERG
          I thought maybe you'd like to come
          over, have some dinner, some of
          the people are coming over.

                    SCHINDLER
          Yeah? Yeah, that'd be nice, let
          me get my coat.

Pfefferberg waits out in the hall as Schindler disappears
inside for a minute. The legend below appears:

          AMON GOETH WAS ARRESTED AGAIN,
          WHILE A PATIENT IN AN SANITARIUM
          AT BAD TOLZ.

          GIVING THE NATIONAL SOCIALIST
          SALUTE, HE WAS HANGED IN CRACOW
          FOR CRIMES AGAINST HUMANITY.

Schindler reappears wearing a coat, steps out into the hall,
forgets something, turns around and goes back in.

          OSKAR SCHINDLER FAILED AT
          SEVERAL BUSINESSES, AND MARRIAGE,
          AFTER THE WAR.

          IN 1958, HE WAS DECLARED A
          RIGHTEOUS PERSON BY THE COUNCIL OF
          THE YAD VASHEM IN JERUSALEM, AND
          INVITED TO PLANT A TREE IN THE
          AVENUE OF THE RIGHTEOUS.

          IT GROWS THERE STILL.

He comes back out with a nice bottle of wine in his hand.
He remembered that but forgot to turn the hi-fi off and "Gloomy
Sunday" keeps playing as he and Pfefferberg disappear down the
stairs together -

                    SCHINDLER'S VOICE
          Mila's good?

                    PFEFFERBERG'S VOICE:
          She's good.

                    SCHINDLER'S VOICE
          Kids are good? Let's stop at a
          store on the way so I can buy them
          something.

                    PFEFFERBERG'S VOICE
          They don't need anything. They
          just want to see you.

                    SCHINDLER'S VOICE
          Yeah, I know. I'd like to pick up
          something for them. It'll only
          take a minute.

Their voices fade. Against the empty hallway appears a faint
trace of the image of the factory workers, through the wire,
walking away from the Brinnlitz camp. And the legends:

          THERE ARE FEWER THAN FIVE
          THOUSAND JEWS LEFT ALIVE IN POLAND
          TODAY.

          THERE ARE MORE THAN SIX THOUSAND
          DESCENDANTS OF THE SCHINDLER
          JEWS.

                         FADE TO BLACK

UNDER END CREDITS:

Moving slowly over the road of fractured gravestones winding
through Plaszow. Tuffs of grass and weeds between the spaces.
A pick pries at one of the stones, and -

Thousands of mismatched fragments of unearthed stones on the
ground like pieces of a jigsaw puzzle. A workman's hands place
two together that fit, and -

A wall under construction, a memorial made entirely of the
recovered gravestones. Moving across them, two letters of a
name are all that remain of one, four letters of another, then
a full name, then half a name, three letters of another, two,
and, finally, only a Jewish star.

R_PORT

on activity and expenditures for the rescue of
Jews during the years 1939 to 1945, by manager
Oskar Schindler, owner of the enamel factory at
Krakow, and its evacuated works "Working Camp"
Brünnlitz, Czechoslovakia.

Some days ago I have been approached officially by high Jewish personalities
who spoke to me about details of the rescue aof approx. 1200 Jews of my
store houses, to write down a comprehensive report about my activity to
give a global impression of my actions to outsiders and to exclude any
possible diminution of the facts from the very beginning.
When I came to Krakow in 1939, to build up my life-carreer in economics,
I rented, and later bought, an empty factory hall through the Polish
Commercial Court at Krakow (from the bankrupt's estate Rekord).   There
I started with the production of enamel crockery. I did not consider the
possibility of managing one of the numerous factories and shops as trustee,
because I hated, from the very beginning, the Trust Agency with their
authorization to rob Jewish property, and their way of handling business.
As lessee, and later owner, of the firm founded by me, I was my own boss,
independent of any authorities. The great demand of crockery brought my
business quickly to a boom, and, due to my efficiency, I was able to
enlarge my factory considerably. After three months I employed already
250 Polish workers and employees, among them 7 Jews. (1940 I had 150 Jews,
1941/190, 1942/550, 1943/900, 1944/1.000 and 1945 over 1.100 Jews .
With the persecution of Jews, which began in 1942 within the entire Polish
area, by excluding them from daily life, liquidation of gettos, and the
opening of annihilation camps, I was put before the decision to either
dispense with the collaboration of Jews, to leave them to their fate, as
99% of the Krakow's firms, who employed Jews, did, or to build up a private
storehouse of my own firm and to put them into barracks. My mental attitude
toward my Jewish workers helped me to overcome the threatening difficulties.

Within few days a storehouse was built, and hundreds of Jews saved from
compulsory transfer. I have also taken over Jews from neighbouring stores
of other firms, i.e. from the firm IKF, Neue Kühler- und Flugzeugteilefabrik
(New Radiator- and Aeroplane-spare parts factory) Kurt Hodermann at Krakow,
box factory Ernst Wumpast at Krakow, and barrack-works of the local
army administration (Heeresstandortsverwaltung) Ing. Schmilevski, and, in
doing so, saved 450 Jews from compulsory transfer. I can proudly maintain
that, only due to my initiative, these Jews could stay at my camp, because
all interventions and negotiations regarding the Jews, with SS authorities
were handled by me intrepidately. The creation of the factory's camp

-1-

could only be carried out with my private monies, without any support or
financial help authorities. To take care of the equipment was completely
left to the employer. It sufficed that security regulations demanded by
the SS, were complied with.

In the enclosure I will quote the large sums spent by me during the years,
from my private sources, to finance the rescue action of the "Schindler-Jews".

1. Dwelling Camp Krakow:
For this purpose I bought a piece of estate from Mr. and Mrs.Brilski.
It had to be established: Fencing, watch towers, numerous barracks,
canalization, baths, lavatories, doctors to be hired, a dentist's ambul-
atorium, laundry, hairdresser's room, food store, barrack's office, guard
block for guards, as well as furnishings for dwellings, kitchen and dentists.

2. Food Expenditures:

During the years 1942-1944 almost 100% of foodstuff requirements had to be
bought on the "black market", since Jews, with the exception of the so-
called "barracks-catering" of the concentration camp Krakow-Plaszow, which
amounted to hardly 40% of the nourishing minimum, did not receive any supplies
and of which I also made, secretely, considerable quantities available to
the concentration camp. During all these years I received only six to
eight times very small quantities of supplies from the JUS (Jewish Relief
Organization), i.e. parcels containing semolina destined for sick and juvenil
The monthly average of food requirements for my Krakow factory kitchen,
from black market source, is estimated with 50.000 Zloty as rather low.

3. Over-Occupation, Disabled:
Due to my giving in to my Jews requests to save also their disabled parents
and relatives from compulsory transfer, and to officially employ them in my
factory when allocated another 200 - 300 new "workers", I had difficulties
with such a great number of practically unusable people, because my production
on the long run, did not justify their employment. Approximately 200 Jews
can be considered as over-employed and disabled. To the cashier, of course,
(cashier of the SS and Police Leader) I had to pay per day and per person
5 Zloty, with the intention of appearing to the authorities as a firm always
lacking workers.
4. Bribes and "Contributions":
I was forced to pay bribes to the party, SS, as well as compulsory contributions to various collections like Red Cross, Winter-Aid, musical and West
Programs, etc., whether I liked it or not, to keep my firm running, which
* had already the reputation of being very amicable towards Jews, furthermore

7

(1-7) **Schindler's List**: Spielberg animó a Zaillian a incluir escenas que no
eran esenciales para la línea argumental de la historia. (1-4) Escena final de
uno de los primeros borradores del guión. (5-6) Extracto de la narración
de los acontecimientos realizada por Oskar Schindler que luego fue incluida en forma de crónica en el guión de Zaillian. Este material de investigación ayudó a Zaillian a entender al Schindler real.

1

2

3

(1) Fotograma de **A Civil Action** y (2) Zaillian escribiendo en el plató de la película. (3) Fotografía de la huelga de guionistas de 1988: "A diferencia de todos los demás profesionales que participan en una película, los guionistas de Hollywood son intercambiables, y cuando empiezas a sentir que eres intercambiable te lo tomas a mal. Si se pretendiera sustituir a un director tras otro hasta que las productoras encontraran al que les guste, el Directors Guild no lo permitiría. Cuando contratas a un actor tienes que seguir con él y conseguir la mejor interpretación que pueda darte. Creo que muchos guionistas, yo entre ellos, piensan que cuando te contratan como guionista deberías ser el único que se encargara del trabajo".

A veces, vuelvo atrás y elimino esos detalles porque en realidad son más para mí que para los demás. Otras veces, mis descripciones están pensadas para el director. Por ejemplo, si escribo: "A esa distancia eran bastante pequeños recortados frente al horizonte", lo primero que se te ocurre no es ciertamente un primer plano. El director "ve" ahora la escena del mismo modo que yo, y no he recurrido a la incómoda anotación del tipo de plano que quiero, "plano general". La descripción también es un modo de controlar el ritmo. Si sales de una escena que tiene mucha descripción para producir un estado de ánimo y, a continuación, entras en otra que es diálogo puro, como una obra de teatro, el lector acelerará el ritmo de esa escena mentalmente. Escribiré una escena de ritmo más lento más despacio, utilizando más palabras para ralentizarla. El estilo de escritura cambia para producir en el lector una experiencia equivalente a la de ver la película.

La descripción y el diálogo son partes esenciales de la escritura de una escena. A veces el diálogo es secundario y lo que de verdad importa es el aspecto visual. En una escena de **Searching for Bobby Fisher**, madre e hijo caminan por la calle y ella le pregunta si le apetece un poco de pizza, a lo que el niño responde: "No lo sé, tal vez sí, tal vez no". Ese diálogo es totalmente secundario. Lo que importa es que él mira hacia delante, hacia Washington Square, porque es ahí donde quiere ir. Sin embargo, aunque el diálogo no sea fundamental en una escena como ésa, tiene que estar. Otras veces, escribiré una escena en la que apenas haya descripción del espacio donde se desarrolla porque lo único que cuenta es lo que se dice.

Cuando escribo diálogos y sé de antemano que hay una frase clave, tengo que trabajarlo para llegar a ella de manera natural. Necesito decidir hasta qué punto quiero retrotraerme en la conversación antes de esa frase clave. Con frecuencia más tarde descubres que sólo te hacían falta dos frases antes de la importante y que con eso ya

daba impresión de naturalidad. En muchas escenas se acabará eliminando más tarde la primera parte del diálogo. Por lo general, puedes eliminar los 10 primeros minutos de cualquier película y ésta todavía tendrá sentido. El guionista a menudo invierte tiempo presentando a los personajes antes de que empiece la trama. Creo que es natural, porque los guionistas novatos no conocen a sus personajes por lo que intentan colocarlos en situaciones que les permitan explorar quiénes son. Todas las películas de estudiantes empiezan con alguien en la cama. El cineasta intenta imaginar la historia desde el principio, e imaginar cómo se mueve, habla y se viste por la mañana el personaje. Casi siempre puedes eliminar todo eso y empezar la película en el medio de una trama. Empezar con la historia en lugar de con una introducción.

El libro *Schindler's List* dedica las primeras 50 páginas a explicar cómo era Schindler antes de ir a Cracovia. Describe su infancia, cómo creció, su juventud y su boda. Mi guión empieza cuando llega a Cracovia. Decidí introducir los datos biográficos previos importantes en la película de algún otro modo, aunque no sabía cómo. La tentación es contarle al público todo lo que sabes al principio de una historia. Pero se debería permitir que el público descubra quiénes son los personajes y qué es lo que intentan conseguir. Hay una escena en **Schindler's List** en la que el protagonista afirma que su objetivo en Cracovia es hacer montones de dinero y volver a casa rico y famoso. La tentación es poner esa escena al principio. En mi guión está probablemente en la página 40, y funciona mucho mejor que si la hubiera colocado antes.

Ciertas historias se han narrado una y otra vez desde hace miles de años, y seguimos necesitando una dieta regular de las mismas. No creo que nunca nos podamos cansar de que nos las cuenten. La vida es una lucha constante contra una u otra forma de adversidad. Tal vez tenga algún valor experimentar esa lucha a través de las historias.

biografía

Jim Sheridan nació en 1949 y se crió en los barrios pobres del centro de Dublín. Allí empezó a actuar en la compañía St Lawrence O'Toole Players, que había montado su padre tras la muerte de uno de los hermanos de Jim. A los 21 años entró en la escuela de interpretación del Abbey Theatre de Dublín, que abandonaría después para dirigir su propia producción de "Dr. Faustus". Un empleo como locutor de televisión le proporcionó suficiente dine-

jim sheridan

entrevista

ro para poder asistir al University College de Dublín, donde continuó su vinculación al teatro. Tras la facultad fundó un grupo de teatro callejero del que también formaba parte el actor irlandés Neil Jordan. De 1975 a 1981 dirigió el Project Arts Centre de Dublín, donde tuvo frecuentes conflictos con los concejales por los espectáculos que cuestionaban el *statu quo* sexual y político de la ciudad. En 1982 Sheridan se trasladó a Nueva York, donde se hizo cargo del Irish Arts Center. Su primer largometraje, que dirigió además de escribir, fue **My Left Foot** (1989, *Mi pie izquierdo*). En esta película inició su relación profesional con el actor Daniel Day-Lewis, que ha aparecido en otras obras de Sheridan como **In the Name of the Father** (1993, *En el nombre del padre*) y **The Boxer*** (1997). Sheridan también ha escrito **The Field** (1990, *El prado*), **Into the West** (1992, *Escapada al Sur*) y producido y coescrito **Some Mother's Son** (1996, *En el nombre del hijo*).

Cuando llegué a Estados Unidos por primera vez y les pedía a los taxistas neoyorquinos que me llevaran a la calle Cincuenta y uno con la Décima [*Fifty-first and Ten*], me dejaban siempre en la Cincuenta y cuatro [*Fifty-fourth*] con la Décima. En mi acento de Dublín, *first* [primera] sonaba como *fourth* [cuarta]. Así que tenía que evitar los números cardinales para asegurarme de que me llevaran a la calle correcta. Me di cuenta de que en Estados Unidos, al ser una cultura inmigrante, todo tiene que estar muy claro. Incluso el hecho de nombrar las calles con números en lugar de con nombres clarifica las cosas. En Estados Unidos se ha ido creando un idioma transparente que permite que gentes de distintas culturas y procedencias se comuniquen con claridad e inmediatez. Esto contrasta con la cultura irlandesa; ha habido épocas en las que si te hubieras expresado con claridad te habrían asesinado. Eso se debe a que procedo de una cultura que ha sido dominada y oprimida. De manera que en lugar de la comunicación directa utilizamos el sarcasmo y la ironía: un estadounidense se tomará una expresión como "que tengas un buen día" literalmente, mientras que un irlandés sospechará que estás siendo sarcástico. Aunque el estilo americano de comunicación transparente pierde ciertos matices irónicos que hacen que la vida sea interesante, como guionista prefiero lo que se gana siendo siempre claro. Quiero ser como los estadounidenses y que me entiendan todas las culturas. No quiero pasarme la vida contando historias que no conecten con la gente. Cuando escribo, intento comunicarme; el arte es lo que sucede cuando existe comunicación a un nivel profundo.

El sistema que han adoptado los estadounidenses para comunicarse con claridad en el cine es la estructura tradicional en tres actos. Empecé a aprender de estructuras cuando dejé el teatro y entré en el mundo del cine. En el teatro, la vanguardia del absurdo destruyó la estructura como reacción a la aparente carencia de sentido en el mundo después de los campos nazis y las bombas atómicas de Hiroshima y Nagasaki. La estructura tradicional en tres actos de Ibsen sólo se mantuvo en la forma de entretenimiento popular que era el cine. Por ironías de la historia, la relativamente reciente industria del cine, que en principio debía ser la más vanguardista, es de hecho muy conservadora en su modo de contar historias. El cine es un medio temporal y la tarea del guionista es crear emociones a las que responda el público en una estructura temporal.

Personas como Syd Fields, analista de guiones procedentes de Estados Unidos, han estudiado esta estructura, mostrando que las películas de Hollywood tienden a seguir los tres actos tradicionales. Empiezas el primer acto exponiendo los antecedentes de la historia y presentando con claridad al personaje principal. Cuando llevas unos 10 minutos de guión, se produce un incidente que desencadena otros sucesos. Este incidente enciende una "mecha que "explotará" en una escena hacia el final del primer acto, habitualmente a la media hora de película. Esta escena echará por tierra la idea que se haya hecho el público de la película, y llevará al héroe hacia una nueva serie de complicadas direcciones. A lo largo del segundo acto, las complicaciones se le van acumulando hasta que, al final del mismo, cuando llevamos unos 90 minutos, se encuentra en la peor situación imaginable y todo parece perdido. Entonces, en el tercer y último acto, el héroe supera las dificultades y tú resuelves las complicaciones de la trama. La mayoría de las películas de Hollywood se ajustan a esa estructura. Funciona con el público porque está acostumbrado a ese modelo y se siente cómodo en él. Un público general no sabe nada sobre incidentes desencadenantes, pero está tan habituado a ellos que si no pasa nada a los 10 minutos de película, la historia le parece lenta. Sin embargo, aunque las normas están ahí para exponer aquello a lo que el público está acostumbrado, la gente piensa que no quiere ir a ver aquello a lo que está habituada. Un guionista debe manipular la historia dentro de la estructura convencional así como intentar conseguir que parezca no convencional e inesperada para el público. La estructura de tres actos ayuda a los guionistas advirtiéndoles que no conviertan cada escena en una obra maestra, que se preocupen de que el punto de giro al final del primer acto sea emocionante y que hagan lo mismo con la escena al final del segundo acto. Si el guionista puede, además, incluir una poderosa escena de desenlace, tanto mejor. Cuando escribo, planifico la historia para llegar a esas grandes escenas de las que tendré resuelto hasta el mínimo detalle. No puedes construir dos horas enteras con una sucesión de escenas en la que cada una sea mejor que la precedente. Los guionistas jóvenes intentan escribir cada escena como si fuera la obra de un genio. Incluso Shakespeare tenía siempre escenas menores, en las que, por ejemplo, llegaban cartas que explicaban elementos de la trama.

Empecé a escribir para el teatro, para públicos reducidos y por poco dinero. Intentaba cambiar el mundo. Todo lo que sabía de las historias es que se suponía que debían tener un punto de vista. Ahora, en el negocio del cine, escribo guiones para ese "gran monstruo alimenticio" que

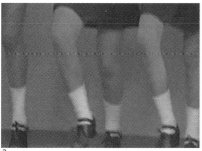

(1-8) El guionista puede crear secuencias de acciones paralelas, como en este ejemplo de **Some Mother's Son**, donde el efecto de las escenas combinadas es mayor que el de las mismas por separado.

EXT. SAFE HOUSE. DAY

Gerard approaches the side entrance. Frankie and IRA MAN no.2 leave with a heavy bag.

INT. SCHOOL. CLASSROOM. DAY

Kathleen watches the girls practice their dance steps.

EXT. COUNTRY ROAD. DAY

Kathleen's car pulls up at a country lane. Frank, Gerard and IRA MAN no. 2 get out. They go to the back, take out the rocket launcher. Frank climbs over a gate by a field, followed by IRA MAN no.2. Gerard keeps watch.

INT. SCHOOL. CLASSROOM. DAY

The beat of the dance tune intencifies, the dancers' feet pound the floor as…

                              CUT TO:

EXT. GLENARM. BRIDGE. DAY

Frank and IRA MAN no.2 run toward a hedge.

Frank's P.O.V. through the rocket launcher sight: A bridge, soldiers lay explosives.

INT. SCHOOL. CLASSROOM. DAY

The girl's dance, now in slow motion as:

EXT. HEDGE. DAY

Frank fires the launcher.

A loud band and a trail of smoke from the hedge.

INT. SCHOOL. CLASSROOM. DAY

Kathleen hears the roar of the rocket.

7

EXT. GLENARM. BRIDGE. DAY

The missile smashes into the jeep, an explosion, followed by a larger explosion which consumes the jeep.

INT. SCHOOL. CLASSROOM. DAY

Windows shatter, girls cry, duck to the ground. Smoke rises from across the field.

EXT. COUNTRY LANE. EXT. CAR. DAY

Frank and IRA MAN no.2 run back through the field. Gerard waits nervously.

Frank and IRA MAN no.2 tumble into the car.

INT. SCHOOL. CLASSROOM. DAY

The girls flee the classroom. A young girl is hysterical. Kathleen shelters the girl and leads her out.

EXT. SCHOOL. DAY

The girls flee the school as bells sound and in the distance sirens wail.

EXT. COUNTRY LANE. DAY

The car speeds away.

EXT. GLENARM. MAIN STREET. DAY

A street of white-washed cottages and small corner grocery stores. Frightened women at doorways, young men at corners, clearly excited, some elated.

8

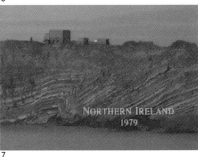

guionistas

```
EXT. NUMBER TEN DOWNING ST. DAY

Margaret Thatcher, newly elected, enters the building, speaks
to reporters (archival video footage).

                    THATCHER
          I know full well the
          responsibilities that await me as I
          enter the door of Number Ten, and
          I'll strive unceasingly to try to
          fulfil the trust and confidence
          that the British people have placed
          in me and all the things in which I
          believe. And I would just like to
          remember some words of Saint
          Francis of Assisi, which I think
          are particularly apt at this
          moment, "Where there is discord,
          may we bring harmony…"

                              CUT TO:

EXT. SEA. DAY.

The Northern Ireland Coast. Dawn. A fishing boat sails into
an inlet. Gerard, 20ish, and Paddy, mid 40's, clean fish as
they sail back to Glenarm harbor.

                    THATCHER
          "Where there is error, may we bring
          truth. Where there is doubt, may we
          bring faith. And where there is
          despair, may we bring hope."

The boat pulls into the dock. Gerard and Paddy tie up the
boat. They unload fish. Paddy notices something across on the
cliff's edge.

                    PADDY
          What are those bastards doing at
          the bridge?

Gerard looks to see.

A British Army convoy is gathered on the top of the cliff at
a small bridge.

EXT. INLET HARBOUR. DAY

Gerard and Paddy continue unloading.

The Brits blow the bridge.

Gerard spins around
```

3

(1-9) **Some Mother's Son**: Un guionista puede yuxtaponer y mezclar sonidos e imágenes creando un poderoso efecto, como en esta escena de apertura de la película (3-9).

es Hollywood e intento exprimirle el máximo dinero posible. No puedo hacer otra cosa porque el cine es un negocio comercial y sin dinero para producirlo un guión carece de valor. Aun así, incluso en este mundo comercial, no veo el propósito de escribir a menos que tengas un punto de vista. Cuando escribo, a veces ese punto de vista es tan poderoso que vierto demasiada emoción en la página y la historia se vuelve demasiado torrencial para el público. Es como cuando en el *pub* alguien te está contando una historia muy personal y empiezas a darte cuenta de que esa persona va a seguir soltándote su historia tanto si quieres escucharla como si no. Empiezas a sentirte incómodo. La estructura puede ayudar al guionista a evitar que el público tenga esa sensación de incomodidad. Funciona como un obstáculo necesario para ese potencial torrente de emoción. Así, la estructura en tres actos puede ayudar a la gente apasionada y comprometida (como debería serlo el guionista) a dar forma al caos de su vida interior convirtiéndolo en algo explicable. Por descontado, tu guión debe transmitir emociones. Dado que son invisibles, resulta difícil ponerlas por escrito. A veces, la parte más poderosa de una historia es invisible. Cuando de niño veía la televisión, la recepción se estropeaba de vez en cuando. Primero se deformaba la imagen en horizontal y luego en vertical. Las imágenes aparecían muy inclinadas o desaparecían del todo. Aun así, aunque no podía distinguir con claridad lo que se veía, todavía podía seguir la historia. Incluso si perdía las imágenes, estaba tan enganchado a la historia y sus emociones que permanecía pegado a la pantalla. Me convencí de que no necesitabas ver todas las imágenes todo el tiempo.

Cuando escribes, pretendes manipular la mente analítica del público a la vez que intentas crear momentos emotivos. Si consigues crear esos momentos, y la historia funciona, el público quedará atrapado. Sin hacer ningún esfuerzo, entrará en la pantalla plana del cine, empezará a identificarse con algún personaje y se implicará a fondo en su

vida. El espectador siente que su propia vida depende de que el personaje sobreviva. En ese momento, la historia empieza a desarrollarse por sí sola en la mente del espectador, que comienza a imaginarse su propio mundo. Por ejemplo, mucha gente describe la escena de la gran batalla de **Gone with the Wind** (*Lo que el viento se llevó*), pero no hay ninguna escena de batalla, sólo de los momentos posteriores a la misma. El público ha entrado en esa imagen plana de cine y a partir de ella ha imaginado su propio mundo real y autónomo. De niño, después de ver películas de vaqueros solía volver corriendo las dos millas que había hasta mi casa porque la historia me había llenado de energía. El guionista quiere que el público salga del cine con la película todavía en mente, que vaya al restaurante y siga hablando de ella. Eso sucede cuando has introducido al público en la pantalla. Lo logras si consigues que conecte con un personaje. El guionista no puede producir esa conexión con los personajes únicamente mediante el diálogo. Ver una película es como verte arrojado en una jungla en la que está en juego tu supervivencia: la vista es fundamental, el sonido es secundario. El público interpreta las situaciones según las expresiones faciales de los personajes. La experiencia de ver una película se parece a nuestros primeros meses de existencia, antes de que sepamos hablar, cuando la vida es básicamente un primer plano del rostro de nuestra madre. Las emociones se transmiten sobre todo por las miradas y el lenguaje corporal, las palabras son secundarias. De modo que cuando escribes para el cine tienes que entrar en un espacio donde puedas imaginarte cuáles van a ser las reacciones en la expresión del rostro del personaje.

Para escribir una historia que el público acepte se necesita una carga emotiva. Esa emoción existe cuando el guionista trata de un tema que significa algo para él. La mayoría de los guionistas desean algo que no poseen, tal vez el amor de su padre, o de su madre, o de su novia. A menudo expresan esa emoción mediante la escritura. La mejor escritura suele darse cuando un escritor descubre algún cambio en sí mismo y luego encuentra un determinado vehículo mediante el que dramatizar ese cambio. Mientras escribía **My Left Foot** estaba experimentando un cambio personal, pasando de sentirme como una víctima, tras trabajar en el teatro sin cobrar, a sentir que quería tomar las riendas de mi vida. La historia de **My Left Foot** (sobre el desarrollo emocional de una persona discapacitada) reflejaba este cambio. **The Boxer** contiene seguramente muy poco cambio. Es demasiado ilustrativa. Describe el personaje de un buen hombre que fue encarcelado por luchar con el IRA, pero que ahora trabaja para ayudar a reconstruir su comunidad. Eso lo coloca frente a quienes todavía creen en la violencia. Ese personaje no tenía que sufrir cambio alguno. Al público le costó identificarse con él porque no mostraba ninguna debilidad. No se puede escribir un drama ilustrativo, empaquetarlo y vendérselo al público. El único modo es llenarlo de explosiones y efectos especiales.

Para mí **The Boxer** era en realidad una película con carga emocional. Dadas la historia y la sociedad irlandesas, decir que estás en contra de la violencia y defiendes la idea de que católicos y protestantes trabajen juntos (como hace el personaje de **The Boxer**) era de hecho algo muy radical. El problema radicaba en que para el resto del mundo y, en especial, para Estados Unidos, ¡estar contra la violencia no era nada nuevo! De modo que un tema podía tener carga emocional para un país y aun así ser interpretado como meramente ilustrativo por el resto del mundo. En Afganistán, una película sobre una mujer libre parecería muy radical, pero en Estados Unidos la reacción sería "¿y qué?". La reacción de un público concreto se ve muy influida por la sociedad en la que vive. Pero, al mismo tiempo, ese público concreto, junto con todos los demás públicos (el público general) reacciona ante la sociedad sobre la que escribes comparándola con el modelo americano. Esto se debe a que todos los públicos creen

que viven en esa sociedad estadounidense. Por ejemplo, en 1969 la gente se manifestó en Irlanda del Norte por los derechos civiles porque pensaba que existía una Carta de Derechos: era algo que habían visto en la televisión estadounidense. Todos en Irlanda pensaban que estaban en Estados Unidos y el que los molieran a palos no les convenció de lo contrario.

De modo que lo más fácil es hacer una película de tipo estadounidense. Cuando escribes sobre valores no estadounidenses, debes explicárselos al público, y hacerlo de manera que no lo parezca. Puede resultar difícil, pero si lo consigues tienes la ventaja añadida de lo exótico, que el público sabrá apreciar porque no lo ha visto antes. **In the Name of the Father** empieza con unos tanques persiguiendo a un hombre por las calles de una ciudad. Entonces vemos al padre, un pacifista con un pañuelo blanco, participando en la refriega. Estas imágenes de represión en la apertura de la película definen una sociedad caótica con valores distintos de la norma estadounidense. Los guionistas estadounidenses tienen la ventaja de que pueden plantear sus historias más fácilmente. Es algo parecido a contar con una estrella de cine porque el público ya sabe a quién va a interpretar esa estrella y así el guionista no tiene que explicar ese personaje. El problema para los guionistas no estadounidenses es averiguar qué tiene que ver tu perspectiva particular con las de los demás en todo el planeta.

Cuando se me pidió que escribiera la historia de lo que se conocía como "Los Cuatro de Guildford", cuatro personas encarceladas injustamente por los británicos, lo primero que me sorprendió fue enterarme de que se trataba de una familia. Sabía que en Estados Unidos los habrían llamado la familia Conlon o la familia Maguire en lugar de "Los Cuatro de Guildford". Al plantearla como una historia sobre un padre y un hijo, una historia familiar, se iniciaba su internacionalización.

3

1

4

2

5

En 1972, soldados del Ejército británico dispararon contra manifestantes a favor de los derechos civiles y mataron a trece de ellos en Derry (1-2). "Los sucesos del Domingo Sangriento me afectaron mucho. Cuando vi cómo mataban a gente inocente, me entraron ganas de salir y agarrar una pistola. En vez de eso, empecé a escribir. La persona oprimida a menudo tiene miedo o silencia sus pensamientos. Esta incapacidad para comunicarse se transforma en un cáncer. Conduce a la violencia, porque ésta es el nivel más bajo posible de comunicación. Para mí, es saludable comunicar tu rabia y tu culpa. Como escritor, me examino a mí mismo, procuro cambiar, y luego intento ver si mi experiencia puede tener algún valor tangencial para la sociedad sugiriendo otras posibilidades de acción. Para mí analizar las injusticias cometidas por los ingleses con los irlandeses es una responsabilidad." (3-5) "En **In the Name of the Father**, la historia de unos irlandeses injustamente encarcelados, utilicé la estructura de tres actos y el sistema estadounidense para hacer una historia que los canales de televisión británicos no tocaran. Por eso hice esta historia revolucionaria con el dinero de una institución de Estados Unidos conservadora: un estudio cinematográfico."

guionistas

156 INT. WING. DAY. 156

All the prisoners watch a new man, Joe Mac Connell, descend
the stairs from th TWOSto the breakfast line. He gets his
food, turns heads towards the cockney tables. Gerry warns
him.

            GERRY
    You can't go down there.

            JOE MAC CONNELL
    I'll sit where I want.

Mac Connell walks on towards a table, cups are thrown at
him. Finally two cockney gangsters stand in his way. Mac
Connell throws his breakfast round one, loafs the other.
More cockneys pile on.

Guiseppe emerges from his cell, watches the commotion from
the TWOS

Gerry throws down his breakfast and runs to help Mac
Connell.

A wild fight.
Screw intervene, drag the bloody figures of Joe and Gerry
out the gate and off to Solitary.

157 INT. WING. DAY. 157

A screw shouts from the main gate of the ONES.

            SCREW
    Two on.

Gerry and Joe, slightly bruised are led in to the wing and
up the stairs to the TWOS. Guiseppe waits. Joe and Gerry go
up to Guiseppe.

            GERRY
    Da come on inside, I've something very
    important to tell you.

58 INT. CELL. DAY. 158

Guiseppe enters folowed by Gerry and Joe.

            GUISEPPE
    What.

                            (CONTINUED)

:. 5, april 5

71.

158 CONTINUED:

            JOE MAC CONNELL
    I'm the one who bombed Guildford, Mr.
    Conlon.

            GERRY
    (excited) Joe says he'll do whatever
    he can to help us.

            JOE MAC CONNELL
    I'm sorry you're in here, Mr Conlon ..

            GUISEPPE
    (interrupts) don't be sorry for me, be
    sorry for the innocent people you
    killed.

            JOE MAC CONNELL
    It was a military target a soldiers
    pub.

            GUISEPPE
    They were God's children.

            GERRY
    (shamed by Guiseppe's hostility) Da!

            GUISEPPE
    I'd appreciate it if you left us
    alone.

            JOE MAC CONNELL
    Whatever you say Mr. Conlon.

Mac Connell leaves.

            GERRY
    What are you doing?

            GUISEPPE
    I want no part of him or his ways.

            GERRY
    Why, because he stands up for himself,
    because he's able to fight back,
    something you've never done.

            GUISEPPE
    What do you mean?

            GERRY
    Remember when you used to give me a
    ride on the crossbar of your bicycle,
    and one day you couldn't make it up
    the hill. I had to get down, in front
    of everybody. I walked in front of you
    and when I looked back your face was
    all red. It was the paint shed, wasn't it ?

1   2

4   5

(1-7) **In the Name of the Father**: Fragmentos del guión y fotogramas de una escena clave en la que se describe la tensa relación entre Gerry [Daniel Day-Lewis] y su padre Giuseppe [Pete Postlethwaite].

"El drama real de **In the Name of the Father** –detención, condena, fuga– es como el de cualquier otra historia penitenciaria. En paralelo a ese relato carcelario se desarrolla la historia de cómo muere el padre, convencido pacifista (8), y su hijo asume su papel (9). Ése es el tema. Así, bajo la estructura, que todos pueden entender y ver, está la idea subyacente."

it?

                    GUISEPPE
I don't know what you're talking
about.

                    GERRY
It was breathing the fumes at the
paint shed ~~where~~ you ~~~~~ sick not
jumping off the boat to swim back to
mammy.
The only job a catholic could get, and
still you wouldn't fight back.

                    GUISEPPE
(angry) Go on about your business with
your new friend.

                    GERRY
You've been a victim all your life,
it's time you started to fight back.

                    GUISEPPE
Get out of my sight!!!

159   INT. WING. DAY.

Most of the prisoners file out for exercise. Mac Connell
watches from the TWOS, sees Ronnie Smalls and a couple of
his cronies sit at their table, reading papers chatting. Joe
looks over towards Gerry, who sits on the landing having a
smoke. Joe nods to Gerry to join him.
They meets at the stairs to the Ones.

                    JOE MAC CONNELL
Come on.

Gerry follows, slightly apprehensive. Joe followed by Gerry
walk to Ronnie Smalls table. Joe pulls up a chair.

                    RONNIE SMALLS
What the fuck do you want, Paddy.

                    JOE MAC CONNELL
I was just wondering if you know where
54 Halsey Road is?

                    RONNIE SMALLS
(slightly flustered) Yeah I know where
it is.

                    JOE MAC CONNELL
(leans in to Ronnie) No offence
Ronnie, I don't want to take anything
away from you but this intimidation of
us is going to stop, otherwise I'll
have 54 Halsey Road blown up with your
family in it.
So let's be friends.

Joe gets up, walks away with Gerry.

                    (CONTINUED)

5, april 5

3

6

7

8

9

guionistas

1

2

4

(1-5) **My Left Foot** cuenta la historia del discapacitado Christy Brown [Daniel Day-Lewis] que se convierte en un famoso escritor. "La empatía es crucial en una película. **My Left Foot** se cuenta en *flashback*. El plano de apertura muestra al Christy adulto colocando una aguja sobre un disco con el pie izquierdo y luego mirando desafiante a la cámara. Sólo después mostramos su infancia. Si empezabas la película con un bebé discapacitado, el público querría que ese niño caminara al final. Si empiezas con el personaje a los 30 años, cuando todavía sólo puede mover el pie izquierdo, el público sabe que no está ante una película sobre la discapacidad física. Se trata de una historia sobre una persona con parálisis cerebral, en efecto, pero que es igual que usted y que yo, porque emocionalmente está confusa."

3

5

El desarrollo de la sociedad occidental se ha acelerado con la televisión y el cine hasta tal punto que casi ha eclipsado a la religión. En países en los que no existe la televisión, crece el fundamentalismo religioso. Las diferencias en el mundo son tan grandes que podrían llevar a un conflicto nuclear.

Tal vez deberíamos empezar a pensar sobre esos temas en lugar de centrarnos siempre en el entretenimiento. Hoy, si escribes para el cine no puedes abordar muy a fondo esas importantes cuestiones sin encontrarte con graves problemas para obtener financiación. Tal vez los guionistas y cineastas contemporáneos deberían inspirarse en la revolución del *punk-rock* de la década de 1970. Este movimiento surgió porque de repente podías grabar un disco por 100 libras y además había gente que sin saber tocar instrumento musical alguno tenía una gran energía explosiva. Con la llegada de la tecnología digital y de medios más baratos de producción me sorprende que no haya más cineastas *punk*. Los guionistas deberían escribir sobre temas más candentes e intentar entenderse mejor a sí mismos y a su historia, y dejar de empeñarse en seguir viviendo del sistema. Me incluyo a mí mismo en esa crítica. Porque todo lo que he comentado sobre la estructura, en el fondo no sirve de nada sin creatividad. La estructura de tres actos es el *Big Mac* del mundo del cine. A quien de verdad admiro es al guionista que siente la pasión de contar una historia.

Escribir es difícil. Abandonas tu vida, sales mental y físicamente de la realidad. Al mismo tiempo, algo en el nivel más bajo de la conciencia te dice: "Eh, sólo tienes sesenta años para vivir, ¿qué haces encerrado en una buhardilla escribiendo?". Pero cuando te metes de verdad en la escritura, ésta se convierte en una reflexión en la que encuentras un momento de tranquilidad, o incluso de cambio, en tu interior.

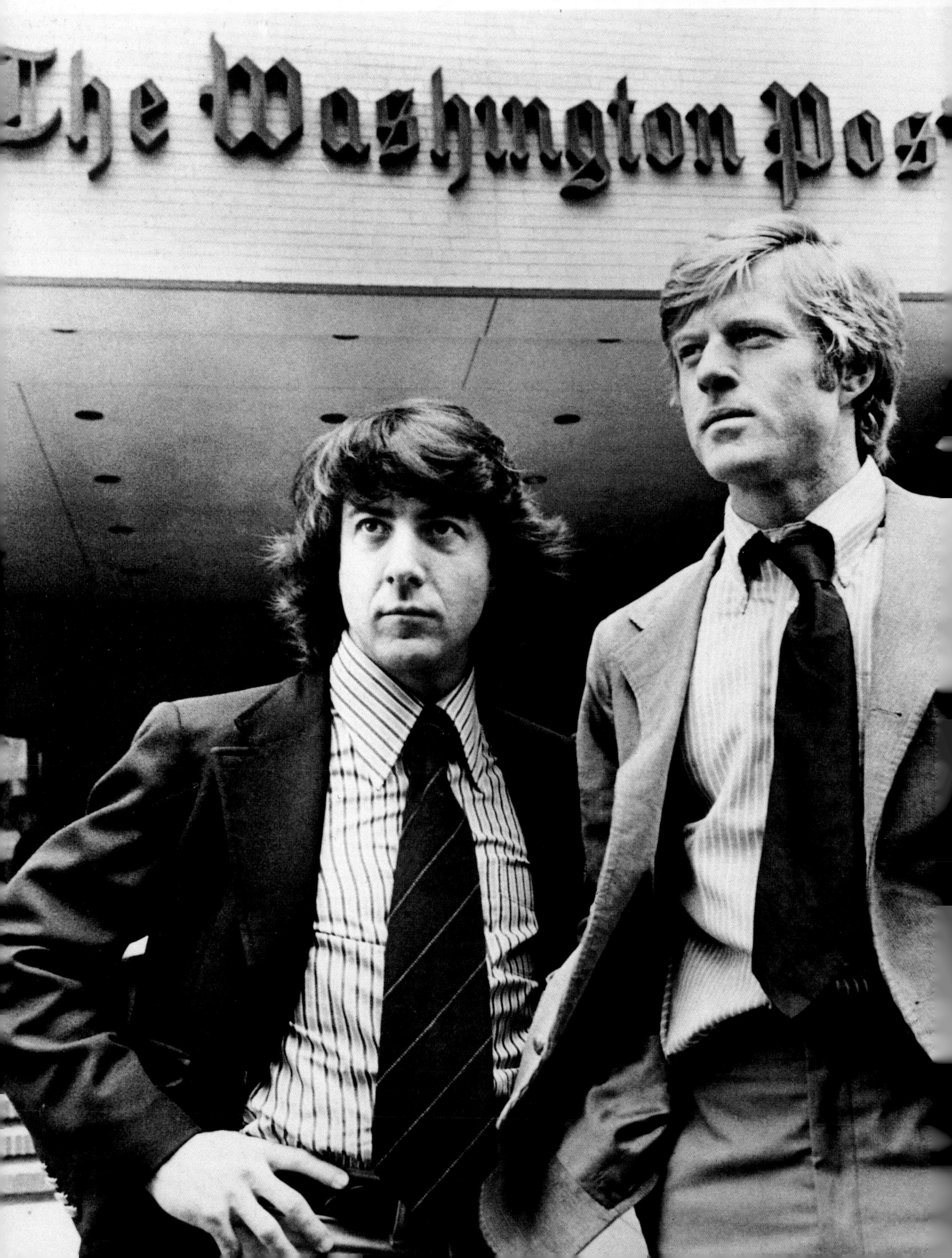
The Washington Pos

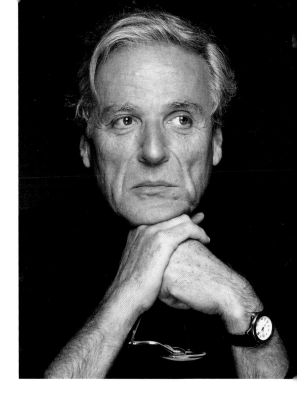

biografía

William Goldman nació en Highland Park, Illinois, en
1931. Desde los 6 años se hizo un adicto a las películas y
asiduo visitante del cine local, el Alcyon Theater. Se licenció en el Oberin College, Ohio, en 1952, y tras pasar
dos años en el Ejército, realizó un máster de lengua inglesa en la Universidad de Columbia, Nueva York, en 1956.
Ese verano escribió su primera novela, *Temple of Gold* en
diez días. El libro se publicó y así se inició la carrera de

william goldman

novelista de Goldman. No empezó a escribir guiones hasta
1965, cuando redactó **Masquerade** (Basil Dearden,
Agentes dobles). A éste le siguió **Harper** (Jack Smight,
1966, *Harper, investigador privado*), protagonizado por Paul
Newman. Goldman había investigado durante años la historia de la Banda del Desfiladero antes de escribir **Butch
Cassidy and the Sundance Kid** (George Roy Hill, 1969,
Dos hombres y un destino), cuyo guión le supuso un galar-
dón de la Academia. Ganó su segundo Oscar con **All the
President's Men** (Alan J. Pakula, 1976, *Todos los hombres
del presidente*), una adaptación del libro de los dos perio-
distas del *Washington Post* en el que desvelaban el escán-
dalo Watergate. A partir de sus propias novelas adaptó
Marathon Man* (John Schlesinger, 1976), **Magic***
(Richard Attenborough, 1978) y **The Princess Bride**
(Rob Reiner, 1987, *La princesa prometida*). También adaptó
A Bridge Too Far (Richard Attenborough, 1977, *Un
puente lejano*) y la novela de Stephen King **Misery*** (Rob
Reiner, 1991). Tiene fama de ser uno de los "consultores
de guión" de Hollywood más solicitados, y de haber ayuda-
do a reescribir incontables guiones sin aparecer en los créditos. Goldman ha escrito los libros *Las aventuras de un
guionista en Hollywood* y *Which Lie Did I Tell?*

entrevista

En mi necrológica leerán la frase: "Nadie sabe nada".
Ciertamente, yo no sé qué estoy haciendo. Si lo supiera,
todos los guiones que he escrito y todas las películas en
las que he participado serían maravillosas, y evidente-
mente no es así.

Cuando eres guionista en Hollywood escribes la versión
vendible de un guión. Es la versión que recibirá el ejecutivo jefe del estudio, que luego decidirá si se convertirá
en película. Él es quien va a decir si se acepta o se
rechaza. Debes tener presente que el jefe del estudio es
el enemigo, y que le aterroriza la posibilidad de perder su
empleo. Y perderá su puesto si da el visto bueno a un
montón de películas que pierdan un montón de dinero.
Todos los altos ejecutivos de los estudios saben que tarde
o temprano serán despedidos porque a todos se les echa a
la calle por hacer montones de películas que pierden
montones de dinero. Al productor de una película, que es
quien me contrata, no le importa tanto que una película
sea un fracaso, lo que le preocupa es que no llegue a rea-
lizarse el proyecto de película que haya emprendido.
Cuando me contratas estás dando por sentado que voy a
ayudarte a que consigas llevar adelante la película. Si no

consigo que se haga, ¿por qué vas a pagarme cuando podrías contratar a un joven guionista desconocido que sea mucho más maleable y mucho menos caro y resabiado? El papel que desempeña el jefe de un estudio es hoy tan importante para mí como lo era décadas atrás, cuando empecé. Entre 1980 y 1985 el teléfono no sonó en mi despacho: durante esos cinco años escribí un montón de libros, pero era un paria. No se debía a que me hubiera vuelto más estúpido o más inteligente, la verdad es que era la misma persona que siempre he sido, con la diferencia de que había escrito cinco guiones que no llegaron a rodarse. Por tanto, los productores y los ejecutivos de los estudios no querían contratarme.

En esencia, escribes la versión más vendible del guión para que su lectura resulte todo lo atractiva que puedas. Quieres que el ejecutivo del estudio lo lea y, con un poco de suerte, diga: "Espera un momento, con esto puedo ganar dinero". La mayoría de los jefes de estudio son muy inteligentes, tienen demasiado trabajo y acostumbran leer los fines de semana. Se llevan a casa un cargamento de guiones y lo único que quieren es terminarlos de leer tan rápido como puedan para poder ir a jugar a golf o a tomarse unas copas con sus amigos. Sólo se van a leer mi guión hasta la página en que sepan que no quieren hacerlo. Puede ser la 10 o la 50. Buscan poder decir no, porque con la negativa han sobrevivido. Si dicen sí, la película tiene que hacerse, tienen que gastarse cantidades ingentes de dinero y la película podría ser un fracaso.

Para mantener el interés de ese jefe del estudio y, en última instancia, del público, introduzco continuamente sorpresas y giros. Incluyo demasiadas sorpresas; es un enorme defecto en mi caso, pero estoy atrapado en mi propia piel con mis propias carencias y me aterroriza la posibilidad de que me apagues o dejes de leerme. Empecé como novelista y tenía verdadero pánico a que me dejaras a un lado diciendo: "No quiero seguir leyendo". Por tanto,

quiero que haya tantas sorpresas como sea posible, siempre que sean válidas, para que el público diga: "Oh, Dios mío, no puedo dejarlo, tengo que acabar este libro o esta película". Quiero que diga lo que más desea oír un narrador, a saber: "¿Qué pasa luego?".

Por ejemplo, hacia la mitad de **Butch Cassidy and the Sundance Kid** hay una persecución de 29 minutos en la que las fuerzas del sheriff siguen a los dos forajidos. Cada vez que éstos intentaban que sus perseguidores perdieran su rastro, ellos se adelantaban a sus intenciones, los superaban en la lucha o los aventajaban de cualquier otro modo, de manera que los dos héroes volvían a verse en dificultades. Esa persecución de 29 minutos no es más que un grupo de hombres de la ley siguiendo a Butch y Sundance, acercándoseles cada vez más, pero sin lograr capturarlos nunca porque en ese caso me quedaría sin historia. Así que tenía que hacerla avanzar, intentando escribirla con toda la intriga que podía.

Hay una persecución en **Marathon Man** que ilustra muy bien una de las diferencias entre películas y libros. El héroe, Dustin Hoffman, acaba de ser torturado por Laurence Olivier, y los malvados se lo llevan para matarlo. En la novela de la que adapté el guión, tres personas persiguen al héroe: la primera tiene una cojera y pensé que, aunque el héroe hubiera recibido una paliza, todavía sería capaz de correr más que un cojo. Cuando éste no puede seguir adelante, es el segundo tipo, un hombre muy corpulento, el que le persigue. Lógicamente, pensé que el héroe podía correr más que un tipo corpulento si le saca la ventaja suficiente. Entonces aparece el tercero, y opto por darle todavía más ventaja al héroe para lo eluda. No quería que el público dijera: "A ese tipo acaban de torturarlo, ¿cómo va a correr más que los otros?". Sin embargo, en la película no ocurre nada de eso, Dustin corre y los otros le persiguen. Todas las sutilezas que había incluido para que la persecución fuera lógica dejan de importar.

The TWO MEN are almost flying across the rocky terrain, never losing balance, never coming close to stumbling; the battle rages with incredible finesse, first one and then the other gaining the advantage, and by now, it's clear that this isn't just two athletes going at it, it's a lot more than that. This is two legendary swashbucklers and they're in their prime, it's Burt Lancaster in The Crimson Pirate battling Errol Flynn in Robin Hood and then, incredibly, the action begins going even faster than before as we

                              CUT TO

INIGO, and behind him, drawing closer all the time, is the deadly edge of the Cliffs of Insanity. INIGO fights and ducks and feints and slashes and it all works, but not for long, as gradually the MAN IN BLACK keeps the advantage, keeps forcing INIGO back, closer and closer to death.

                    INIGO
                (happy as a clam)
            You are wonderful!

                    MAN IN BLACK
            Thank you - I've worked hard to
            become so.

The cliff edge is very close now. INIGO is continually being forced toward it.

                    INIGO
            I admit it - you are better than I
            am

                    MAN IN BLACK
            Then why are you smiling?

Inches from defeat, INIGO is, in fact, all smiles.

                    INIGO
            Because I know something you don't
            know

                    MAN IN BLACK
            And what is that?

                    INIGO
            I am not left-handed

And he throws the six-fingered sword into his right hand and immediately, the tide of the battle turns.

                              CUT TO

The MAN IN BLACK, stunned, doing everything he can to keep INIGO by the cliff edge. But no use.

Slowly at first, he begins to retreat. Now faster. INIGO is in control and the MAN IN BLACK is desperate.

                              CUT TO

INIGO, and the six-fingered sword is all but invisible now, as he increases his attack, then suddenly switches style again.

                              CUT TO

A ROCKY STAIRCASE leading to a turret-shaped plateau, and the MAN IN BLACK is retreating like mad up the steps and he can't stop INIGO - and in a frenzy the MAN IN BLACK makes every feint, every thrust, let's go with all he has left. But he fails. Everything fails. He tries one or two final desperate moves but they are nothing.

                    MAN IN BLACK
            You're amazing!

                    INIGO
            I ought to be after twenty years

And now the MAN IN BLACK is smashed into a stone pillar, pinned there under the six-fingered sword.

                    MAN IN BLACK
                (hollering it out)
            There's something I ought to tell
            you

                    INIGO
            Tell me

                    MAN IN BLACK
            I am not left-handed either

And now he changes hands, and at last, the battle is fully joined.

                              CUT TO

Inigo. And to his amazement, he is being forced back down the steps. He tries one style, and another, but it all comes down to one thing - the MAN IN BLACK is in control. And before INIGO knows it, the six-fingered sword is knocked clear out of his hand.

                              CUT TO

3

4

5

6

(1-6) "Para **The Princess Bride** tenía varias espléndidas secuencias en mente pero no sabía cómo articularlas. Entonces, un día iba caminando por la calle y me di cuenta de que podía escribir la historia como si mi padre me la estuviera leyendo en un libro. Eso significaba que no tenía que preocuparme por encontrar una razón para pasar del punto A al punto B, porque el narrador [mi padre] sencillamente decía 'aquí hay veinticinco páginas que no te voy a leer' y pasaba a la siguiente parte de la historia." (1-2) Una secuencia de acción del guión para la película.

A view of the SKY, AS PIECES OF PAPER MONEY flutter this way
and that in the breeze.

                              CUT TO:

BUTCH AND SUNDANCE, as Sundance starts to laugh.

                    SUNDANCE
           Think you used enough Dynamite
           there, Butch?

                              CUT TO:

The MONEY fluttering this way and that on the breeze. It
seems to fill the air. Then -

                              CUT TO:

The GANG starting off after the money, some of them crawling
across the ground, others are jumping into the air, trying to
catch the fluttering bills.

                              CUT TO:

BUTCH, starting to laugh at his own stupidity and

                              CUT TO:

The GANG, pursuing the money as it blows along. They might be
a convention of butterfly collectors, as they scramble
around, jumping and crawling and turning and -

                              CUT TO:

BUTCH, as slowly his laughter dies. He is looking off at
something.

                              CUT TO:

In the distance, a TRAIN ENGINE pulling one large, odd-
looking car.

                              CUT TO

BUTCH, still looking off at the engine and the single strange
car. SUNDANCE is beside him now, and they both watch. Around
them, members of the gang still scramble around, gathering up
bits and pieces of money.

                              CUT TO

THE ENGINE pulling the single car, drawing closer and closer
and

                              CUT TO

3

6

BUTCH and SUNDANCE watching it come.

                    BUTCH
           What the hell is that?

                              CUT TO

THE CAR, drawing closer, and now there is music under it all,
nervous and fast, but not loud, not yet, as the train and the
single car continue to come toward camera.

                              CUT TO

BUTCH and SUNDANCE looking at each other in absolute
bewilderment.

                              CUT TO

THE CAR. It is still some ways off, but the music is faster
now, as the camera picks up speed , moving toward the car,
which stands dead still on the tracks as the camera picks up
speed, moving toward the car and the car still waits and now
the music is starting to deafen, and CRAIG BREEDLOVE must be
driving the camera as it roars towards the car, close now,
really close, right up almost on top of the goddamn car and
just as it seems it's going to crash right into the side of
the car, the entire side of the car swings open and down, and
the camera recoils like a human face would recoil after
receiving a terrible blow, and out of the car right into the
eye of the camera comes riding - the SUPERPOSSE. The
superposse consists of perhaps half a dozen men. Taken as a
group, they look, act, and are, in any and all ways,
formidable.

                              CUT TO

BUTCH and SUNDANCE

                    BUTCH (CONT'D)
           Whatever they're selling. I don't
           want it (and he spins, shouting to
           the men gathering up the money) -
           leave it!

                              CUT TO

THE SUPERPOSSE riding like hell. They are still a good
distance away.

                              CUT TO

4

5

7

8

(1-8) "En esta escena de **Butch Cassidy and the Sundance Kid** nuestros héroes son perseguidos por el pelotón del *sheriff* durante 29 minutos
en la parte central de la película. Cuando el pelotón aparece por primera
vez no se ve más que un insustancial ferrocarril. Así que escribí una página
de descripción para dotar de fuerza dramática a ese tren (1-2). Ese diálogo
no es más que mi forma de vender. Estoy intentando decirle al jefe del
estudio, que es mi enemigo además del hombre que puede aceptar o
rechazar mi trabajo, que esa escena es interesante, que va a funcionar en
las pantallas de cine de todo el mundo y que puede ganar mucho dinero."

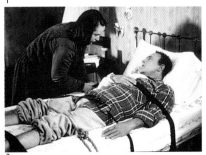

4

(1-4) **Misery:** "Cuando adapto una novela, lo primero que hago es leer y releer varias veces el material original. En cada relectura señalo lo que me interesa con una pluma de un color distinto (4). Cuando llega el momento de imaginar cuál es la historia que voy a contar miro una página y si veo marcas de seis colores distintos, sé que estará en la película. Paso a la página siguiente y si no hay ninguna marca o sólo una, sé que no llegará a la pantalla. Así intento localizar la columna vertebral de la historia. Una vez tengo esa columna, puedo escribir la película, pero hasta que la he encontrado no tengo la menor idea de lo que voy a hacer".

Ves la ciudad de noche, ves a ese chico sufriendo dolores increíbles, ves a los malvados persiguiéndolo, y quieres que se escape. Recuerdo que cuando vi la persecución en la película pensé que todo el trabajo que me había tomado para darle lógica era totalmente absurdo. En términos cinematográficos, podrían haber perseguido al héroe tres malvados cualquiera. Ésa es la diferencia entre las películas y los libros. El público quiere que el héroe se escape porque es Dustin Hoffman.

Les gusta Dustin porque es una estrella, y éstas son muy importantes en las películas de los estudios. Voy a explicar en qué modo afecta esta situación a alguien que está en mi nivel (y con mi nivel no me refiero a que esté muy arriba, porque los guionistas ocupan un lugar muy bajo en la cadena alimenticia de Hollywood: a todos nos han despedido): a menos que escriba un guión original, lo que no ha sido muy frecuente últimamente, un productor me envía un libro o un artículo. Lo leeré. Si creo que puedo hacer que funcione y me interesa de verdad el material aceptaré el trabajo. El productor firmará entonces un contrato con el estudio. Los productores nunca se gastan su propio dinero, y por tanto es el estudio el que me contrata. A continuación, me reuniré con el productor y me dirá: "A Kevin Spacey le encanta este libro. Piensa en él cuando escribas la película"; o: "A Arnold Schwarzenegger le encanta el libro, piensa en Arnold". Escribo lo que puedo, el productor se lo entregará al estudio y si, tras reescribirlo y retocarlo un poco, les gusta, intentarán hacerlo y repartirán los papeles. Yo no soy muy importante. Podría decir: "Oh, Dios, por favor, esa mujer no" o "por favor, probad con él", pero si saben que la estrella X busca una película, le ofrecerán el papel.

Por ejemplo, hace años escribí una comedia de acción titulada **The Hot Rock** (*Un diamante al rojo vivo*) basada en una maravillosa novela de Donald Westlake. La escribí para George C. Scott, que encarnaría a un viejo delincuente, y Robert Redford, que sería su joven primo. El estudio se lo ofreció primero a Redford, al que le gustó, pero no quería interpretar al joven. Creía que el papel de George C. Scott era mejor, de manera que se empeñó en interpretarlo. El factor mayor/joven que había sido importante tanto en el libro como en el guión, dejó de servir porque en la película se le dio el papel de delincuente a Redford. No era lo que yo quería al principio, pero eso no importa porque la película se hizo. Y tampoco puedo asegurar que si hubieran intervenido George C. Scott y Redford habría sido mejor.

Si te fijas en las diez películas que más han recaudado de todos los tiempos, sólo una tenía una estrella: **Forrest Gump***, con Tom Hanks. No hay ninguna estrella en **Titanic***, ni en **Lord of the Rings** (*El señor de los Anillos*), ni en **E.T.***, ni tampoco en **Star Wars** (*La guerra de las galaxias*). Son obras corales. Pero para el estudio es difícil hacerlas, porque supone asumir un riesgo. Los estudios prefieren tener la seguridad de contar con una estrella importante. Eso significa que más vale que el guionista escriba papeles para estrellas. Si quieres escribir para Hollywood, olvídate de Chéjov. Más vale que escribas papeles para que el estudio pueda decir: "Guau, con esto puedo conseguir a Bruce Willis".

El estudio también quiere la seguridad de tener un final optimista. Cuántas veces vemos películas que parecen encaminadas en cierto sentido y de repente, en el último tercio, se vuelven estúpidas. Esto se debe a que los estudios dicen: "No podemos ser negativos, no podemos ser lúgubres, tenemos que ofrecer al público algo que le dé esperanzas. Digamos que la chica y el chico acaban juntos y el malvado muere".

En **American Beauty***, Kevin Spacey tiene la obsesión de acostarse con una bella jovencita. Pierde peso, cambia su modo de vestir, y Dios le sonríe: consigue quedarse a solas con ella, están en el sofá y ella hará lo que él quiera. Y ¿saben qué? No puede acostarse con la chica. Eso no estaba en el guión original. El cambio se debió a que los ejecutivos de Dreamworks dijeron: "Oh, Dios mío, si metemos eso, será un fracaso comercial". Así que Kevin Spacey dice: "No, no, eres virgen. No puedo tocarte". Aborrezco ese tipo de situaciones con todas mis fuerzas. Pero **American Beauty** fue un éxito inmenso en todo el mundo y es una película alabada por la crítica. Si la hubiera escrito yo, habría sido un desastre y seguramente nadie la habría visto. De modo que los ejecutivos del estudio son los tipos listos de verdad y yo soy un gilipollas. Hicieron lo que debían para el gran público, que no quería que desfloraran a la jovencita. Éste es un ejemplo de las cosas que tienes que afrontar cuando se trata de películas de Hollywood. Puede que nos vuelvan locos, pero los estudios saben muy bien lo que hacen.

Me equivoqué en una historia titulada **Misery**, basada en una novela de Stephen King del mismo título. Trata de una mujer desquiciada que vive sola en Colorado, en un paraje aislado. Rescata a un hombre, que resulta ser su escritor favorito, y lo mantiene encerrado. Él ha quedado lisiado en un accidente. No tarda en descubrir que la mujer es violenta. Poco a poco, va saliendo de la habitación donde lo retiene como rehén, pero ella lo descubre. Recuerdo que mientras leía la novela, sabía que la mujer iba a hacerle algo espantoso en ese momento, pero nunca me habría ni imaginado que haría lo que hizo. Le amputa los pies. Eso significa que no podrá moverse nunca más. Cuando leí esa escena pensé: "Oh, Dios, es lo más estremecedor y terrorífico que he leído jamás". Acepté hacer la película sobre todo para poder escribir esa escena y que público de todo el mundo la viera. Pero el director/productor, Rob Reiner, la reescribió de manera que ella no le amputaba los pies. Rob hacía que sólo le rompiera los tobillos. Grité y dije que ni hablar, estás destrozando la película. La hicimos como él quería, y en la primera pro-

yección previa, cuando le rompe los tobillos, la reacción del público fue todo lo horrorizada que se podría desear. La gente vivió a fondo la escena y odió a la protagonista, pero le encantó la película. Si le hubiera amputado los pies, el público habría odiado a la protagonista y también la película, y habría sido un fracaso. Yo me equivocaba. Estás convencido de que tienes razón sobre muchas cosas y al final descubres que no la tenías. Nadie sabe en realidad qué funcionará. Si lo supiéramos, todos los libros se convertirían en *best-sellers* y todas las películas un gran éxito, ¡y no es así!

En el cine resulta aún más complicado decir qué funcionará porque estás intentando predecir el futuro, y las películas tienen un proceso de realización muy lento. El filme más rápido en que he participado se titulaba **Maverick***. Entregué el guión el 1 de abril de 1993. Mel Gibson lo leyó y le gustó, lo que significaba que seguíamos adelante. Esa misma semana, la Warner Brothers dijo que estrenaríamos el fin de semana de las vacaciones de mayo, el año siguiente. Es decir, trece meses después. Por poco no lo conseguimos, porque fue muy difícil acabar la película en sólo trece meses. Pero eso es muy rápido para una película. En general, suelen transcurrir varios años entre el momento en que empiezas a trabajar en una película y cuando se produce el estreno. Una de las razones por las que nadie puede decir qué va a funcionar comercialmente es que intentas predecir el gusto del público con dos, tres o cinco años de adelanto, y eso no se puede hacer. Es básicamente imposible.

Sólo estoy hablando de las películas de Hollywood, no de las que solían denominarse "películas artísticas o independientes". Ése es un mundo totalmente distinto y lo desconozco por completo. Sólo hablo de las películas de los grandes estudios. Si quieres hacer una película barata puedes contar historias diferentes porque los riesgos no son tan elevados.

```
                    WOODWARD (CONT'D)
            The whole U.S. Intelligence
            community is mixed in with the
            covert activities. The extent of it
            is incredible (little pause) And
            people's lives are in danger, maybe
            including ours.

                                  CUT TO:

BRADLEE. He nods again, starts walking the two reporters back
to WOODWARD'S car.

                    BRADLEE
            He's wrong on that last, we're not
            in the least danger, because nobody
            gives a shit - what was that Gallup
            Poll result? Half the country's
            never even heard the word
            Watergate.

                                  CUT TO:

THE RED KARMANN GHIA as the three approach.

                    BRADLEE (CONT'D)
            Look, you're both probably a little
            tired right?

They nod.

                    BRADLEE (CONT'D)
            You should be, you've been under a
            lot of pressure. So go home, have a
            nice hot bath, rest up fifteen
            minutes if you want before you get
            your asses back in gear - (louder
            now) - because we're under a lot of
            pressure too, and you put us there
            - not that I want to worry you -
            nothing's riding on this except the
            First Amendment of the Constitution
            plus the freedom of the press plus
            the reputation of a hundred-year-
            old paper plus the jobs of the two
            hundred people who work here -
            (still building) - but none of that
            counts as much as this: you fuck up
            again, I'm gonna lose my temper.
            (pause, softer) I promise you, I
            don't want to lose my temper.
            (shoving them off) Move-move-move -
            what have you done for me tomorrow?
```

4

(1-4) **All the President's Men**: "Me saca de quicio que la gente se queje de que las películas son inverosímiles. **All the President's Men** recibió elogios por describir con verosimilitud cómo desvelaron los periodistas Woodward y Bernstein la implicación del presidente Nixon en la conspiración del Watergate. Pero yo acabé la historia a mitad de la narración que hicieron Woodward y Bernstein de esos acontecimientos. No podía ser verosímil en el sentido en que lo podría ser un documental, solamente podía ser fiel en términos de tono; dicho de otro modo: no incluí bailarinas en **All the President's Men**, pero aun así alteré mucho la historia".
(4) Pasaje del guión en el que Bradlee, el director del *Washington Post*, reprende a los dos periodistas.

```
A WINDOWLESS ROOM

BABE is semi-conscious, wearing pajamas, damp. He sits in a
chair, the chair is in a windowless room. Babe blinks, tries
to get a better look at the place, but he's expertly bound to
the chair. The room seems unusually bright. There is a sink,
a table, it all seems clean.

There come SOUNDS from behind him and THE LIMPER and the
MOMMOTH walk around the chair. THE MAMMOTH carries an armload
of clean white towels, beautifully folded.

                    LIMPER (ERHARD)
             Give me

He puts the towels on the table as we

                              CUT TO

The BALD MAN moving toward the chair, carrying a rolled up
towel in one hand. He indicates that he wants a lamp brought
closer. THE LIMPER hurriedly obeys, the BALD MAN turns
quickly, washes his hands. As he does -

                    BALD MAN
                  (quietly)
             Is it safe?

                    BABE
                  (he wasn't ready for the
                  question)
             Huh?

                    BALD MAN
             Is it safe?

                    BABE
             Is what safe?

                    BALD MAN
                  (his tone never changes;
                  gently, patiently)
             Is it safe?

                    BABE
             I don't know what you mean

                    BALD MAN
             Is it safe?

                    BABE
             I can't tell you if something's
             safe or not unless I know
             specifically what you're asking
             about
```

1

```
                    BALD MAN
                  (his hands are clean now;
                  Erhard hands him a towel)
             Is it safe?

                    BABE
             (rattled) Tell-me-what-the-"it"
             refers-to

                    BALD MAN
                  (softly as ever)
             Is it safe?

                    BABE
             No, it isn't safe. Very dangerous,
             be careful.

For a moment the BALD MAN stares down at babe. There is a
terrible intelligence working inside. Now a nod. Just one,
that's all, and as he unwraps the towel he brought in we see
the contents: dental tools.

                              CUT TO

ERHARD, bringing the lamp closer still and, as THE MAMMOTH
suddenly forces Babe's mouth open with his powerful hands -

                              CUT TO

The BALD MAN. He selects an angled mirror and a spoon
excavator, not sharp, and leans forward toward Babe. He is
perspiring lightly and without a word THE LIMPER takes a
towel, dabs the BALD MAN's forehead dry. The BALD MAN is
concentrating totally on his work, and he is extraordinarily
skilled.

                              CUT TO

Babe, helpless, while the BALD MAN gently taps and probes.
His hands move expertly here and there. Babe is perspiring
terribly. There is no sound in the room other than breathing.
The BALD MAN switches from the rounded spoon excavator to a
new tool, needle-pointed. Babe cannot stop sweating. The BALD
MAN shakes his head almost sadly.

                    BALD MAN
           .  You should take better care of your
             teeth, there's a bad cavity here,
             is it safe?

                    BABE
             Look, I told you before and I'm
             telling you now -
```

2

```
But that's all he has time for because the BALD MAN suddenly
shoves the needle pointed tool up the cavity and

                              CUT TO

Babe, beginning to scream, but THE MOMMOTH cups his hands
over Babe's mouth, muffling the sound. When the scream is
done, he takes his hands away. Now the BALD MAN has picked a
small bottle, opened it, poured some liquid on his finger. He
brings the finger closer and closer to the cavity -

                    BABE (CONT'D)
             - don't - please Jesus don't - I
             swear -

Now the finger is on the cavity and at first Babe starts to
wince but then after a moment he begins to almost lick the
finger; getting as much out of the liquid as he can, as if he
were a starving puppy and the BALD MAN was feeding him milk

The BALD MAN watches, not taking his finger away.

                    BALD MAN
             Is it not remarkable? Simple oil of
             cloves and how amazing the results.

He pours some more on his finger; rubs it smoothly across
Babe's cavity.

                    BALD MAN (CONT'D)
             Life can be, if only we allow it,
             so simple. (holding up the bottle)
             Relief. (holding up the explorer
             tool) Discomfort. (looking at Babe)
             Choose.

                    BABE
             I can't satisfy ..what you
             want..because..because… (and now
             his tone changes)..aw no..no (and
             on those words-)

                              CUT TO

The BALD MAN, his eyes expressionless, thrusting it home.
There is the start of a scream and the eyes look almost sad.
The scream continues, builds, abruptly stops and then -

                              CUT TO

Babe in the chair, head slumped forward, semi-conscious, not
moving.

                              CUT TO
```

3

(1-3) **Marathon Man**: "He acudido a dentistas en varios países, y en cuanto se enteran de quién soy quieren hablar de esa escena. Las consultas de los dentistas son el único lugar en el que soy famoso. De niño iba a un dentista que no creía en la Novocaína y me hacía mucho daño. Daba verdadero miedo: estás indefenso y no hay peor dolor que el que te producen al quitarte una muela. Todavía puedo sentir la presión de su rodilla sobre mi pecho mientras me apretaba contra la silla para trabajar en mi dentadura. A los niños de hoy en día, o de dentro de veinte años, puede que no les asuste tanto esta escena, porque la odontología ha mejorado mucho y no tienen tanto miedo de ir al dentista como teníamos nosotros". (4) "Una vez doblé una esquina en el Metropolitan Museum de Nueva York y vi este cuadro, y su fuerza me golpeó en el estómago. Se trataba de *Vista de Toledo* de El Greco, y me hizo mejor persona, me transformó en alguien más interesante. Del mismo modo que me hace mejor persona saber lo que Mozart fue capaz de hacer. Cuanto más diverso sea el material que te conmueve, más posibilidades tienes de ser capaz de conmover a otros."

4

Contar historias es algo esencial en toda nuestra vida. Hay una frase al final de **Sunset Boulevard** (*El crepúsculo de los dioses*) en la que Gloria Swanson habla sobre las personitas que están al otro lado, en la oscuridad, refiriéndose a la gente que acude al cine en todo el mundo. Cuando escribimos un guión intentamos crear recuerdos memorables para todas esas personas que permanecen en la oscuridad. He escrito un par de películas a las que la gente ha respondido de verdad y eso me emociona. Un amigo me contó que su hijo pequeño se le subió encima cuando estaba dormido y lo despertó diciendo una frase de **The Princess Bride**: "Hola, me llamo Íñigo Montoya, mataste a mi padre, prepárate a morir". Eso me alegró el día. Es algo fabuloso que, décadas después de que escribiera el guión, pueda impresionar tanto a un niño de 6 años como para que se suba gateando a su padre y repita la frase.

Jean-Claude Carrière nació en 1931 en Languedoc. A los 24 años, con una novela escrita, el cineasta Jacques Tati le pidió que escribiera adaptaciones de sus películas **Les vacances de Mr. Hulot** (1953, *Las vacaciones del señor Hulot*), y **Mon oncle** (1958, *Mi tío*). Carrière fue luego reclutado para la guerra de Argelia, donde pasó dos años y medio. Cuando volvió a Francia, el ayudante de Tati, Pierre Étaix, le propuso que hicieran juntos dos cortos.

jean-claude carrière

Uno de ellos, **Happy Anniversary**, ganó un premio de la Academia. Cuando el director español Luis Buñuel buscó a un colaborador francés para **Le journal d'une femme de chambre** (1964, *Diario de una camarera*), eligió a Carrière. Buñuel quedó tan complacido con su trabajo que luego le pidió que escribiera **Belle de jour** (1967, *Bella de día*). La colaboración posterior de Carrière con Buñuel incluiría películas como **Le charme discret de la bourgeoisie** (1972, *El discreto encanto de la burguesía*) y **Cet obscur objet du désir** (1977, *Ese oscuro objeto del deseo*). Carrière también fue el guionista de **Die Blechtrommel** (Volker Schlöndorf, 1979, *El tambor de hojalata*), **Danton*** (Andrzej Wajda, 1982), **The Unbearable Lightness of Being** (Philip Kaufman, 1987, *La insoportable levedad del ser*), **Cyrano de Bergerac*** (Jean-Paul Rappeneau, 1990) y de muchas otras películas. Su trabajo teatral incluye adaptaciones francesas de la obra épica hindú *Mahabharata* y de la iraní *El coloquio de los pájaros*.

Me han atraído todas las formas de escritura. Si hubiera vivido en el siglo XIX, la elección se habría planteado entre la literatura y el teatro. A mediados del siglo XX se habían inventado muchas nuevas formas de escritura. Primero, aparecieron las películas mudas, luego las grabaciones, después las habladas, seguidas por la radio y más tarde la televisión. Disponer de una gama tan amplia de medios para escribir era algo único en la historia, y cada uno de ellos requería una forma nueva y diferente. El cine, que utiliza imágenes, sonido y montaje, era sin duda una nueva técnica y por tanto necesitaba una nueva forma de escritura: el guión.

Un rasgo distintivo de este tipo de escritura es que un guión no es una obra escrita definitiva. En realidad, sólo existe durante la duración del rodaje. Luego desaparece, ha cumplido su función. Escribir guiones es concebir una forma de texto destinada a desvanecerse porque un buen guión es el que da a luz una buena película. No existe un buen guión del que surja una mala película. Si algo está mal en la película es que ya lo estaba en el guión. Es como la oruga y la mariposa: la oruga es un animal muy tosco, pero ya contiene todos los elementos, incluidos los colores, de la mariposa. En el instante en que nace la mariposa y se va volando, la piel seca de la oruga cae al suelo, del mismo modo que el guión acaba en la papelera. Cuanto mejor sea la oruga, mejor será la mariposa y más largo su vuelo. Como guionista debes saber con la mayor precisión posible cómo se va a transformar en una película lo que has escrito sobre el papel. ¿Qué medios utilizará el director, cuánto costará, cuánto se tardará en hacerla? Este conocimiento es una parte esencial del trabajo del guionista. El guionista que desconozca estas cuestiones prácticas se enfrentará a problemas. Cuando empecé como guionista tuve la suerte de poder conocer los diversos oficios técnicos, de trabajar la imagen, el sonido y el montaje.

Antes de escribir mi primer guión ya había escrito dos novelas, una de las cuales se había publicado. Tenía 24 años. Mi editor tenía un contrato con Jacques Tati para publicar libros basados en sus películas **Les vacances de Mr. Hulot** y **Mon oncle**. Tati le pidió al editor que le mandara cuatro o cinco escritores jóvenes para que cada uno escribiera un capítulo y elegir entre ellos al que más le gustara. Se me pidió que escribiera un capítulo y me escogieron. Esa visita a Tati fue mi primer contacto con el mundo del cine. Cuando me abrió la puerta, yo estaba muy nervioso e impresionado. Me dijo: "He leído su capítulo. Me ha parecido bien, pero, ¿qué sabe usted del cine?". Le respondí: "Señor Tati, voy al cine dos o tres veces a la semana y he visto sus películas cuatro veces. Amo el cine". Entonces me dijo: "No, no, no me refiero a eso. ¿Qué sabe acerca de cómo se hace una película?", a lo que respondí: "Bien, debo confesar que no sé nada". Así que llamó a su montadora y le dijo: "Suzanne, encárguese de este joven caballero y enséñele qué es el cine". Aquella señora me llevó a su pequeña y oscura sala de montaje, que parecía la cueva de una bruja. Allí me enseñó aquella extraña máquina que te permitía mover la película hacia delante y hacia atrás y jugar con el tiempo.

Colocó la primera bobina de película en la máquina y el guión a su lado. Puso la mano sobre el guión y entonces me enseñó la película diciendo: "Todo el problema reside en cómo pasar de aquí (el guión) a aquí (la película)". Cómo pasar del papel a la imagen. Trabajamos durante una semana y ésa fue mi verdadera iniciación al cine. Le pregunté, por ejemplo, por qué estaba escrito en el guión que un hombre entra en el océano, se da la vuelta y luego mira hacia delante, y en la película no sólo no entra en el océano sino que mira a la izquierda. ¿Por qué es diferente? La respuesta solía ser práctica: por ejemplo, el agua estaba muy fría o al actor le asustaba. Pero la razón principal de todos los cambios era que cuando Monsieur Tati rodaba descubría que había alguna posibilidad mejor de hacerlo. Tenía los actores y tenía el decorado, cosas que no existen en el guión. Todo guión es un reflejo de cómo sueña el guionista la película. Puedes soñar que cuentas con todos los decorados que quieras y los mejores actores del mundo, incluidos los fallecidos, sin embargo, cuando ruedas tienes que salir adelante con lo que tienes.

El guión ya cambia cuando empiezas a encontrar localizaciones, a diseñar los decorados y a elegir a los actores. Es muy frecuente que, una vez que se disponga ya de estos elementos visuales, trabaje en el guión con el director unos pocos días antes del rodaje. El guionista debe mantenerse flexible, adaptándose siempre a la historia y a la manera de trabajar del director. En **Danton**, una idea importante del guión era que los dos personajes principales, Danton y Robespierre, sólo se encontraran en una ocasión. Antes del rodaje, ensayamos esa escena en la que se encuentran, en el apartamento de [Andrzej] Wajda. El diálogo funcionaba, pero faltaba chispa. Le dije a [Gérard] Depardieu (que encarnaba a Danton): "Creo que es necesario que haya contacto físico entre vosotros dos. Piensa que es fácil para un juez sentenciar a alguien a muerte, pero es mucho más difícil matar a alguien con sus propias manos. Bien, ¿qué le dirás a Robespierre?".

(7-8) Fotografías de Luis Buñuel: "Muy al principio de su carrera, cuando escribió **Un chien andalou** (*Un perro andaluz*) con Salvador Dalí, Buñuel estableció una norma muy interesante. Si un guionista propone una imagen para una película, el otro tan sólo tiene 3 segundos para aceptarla o rechazarla. Esto impide que interfiera la razón. O te conmueve por dentro o no. Si rechazas mi idea, yo no puedo defenderla. Tenemos que olvidarla para siempre y buscar otra. Así fue como trabajamos en **Le charme discret de la bourgeoisie** durante dos años. Cuando le conté por primera vez a Buñuel mi idea para la escena de la cena surrealista de esta película, él la rechazó y no pude defenderla. Tres meses más tarde la volví a proponer de un modo ligeramente distinto, y él siguió diciendo no. Entonces, cuando introdujimos el sueño en la película la sugerí de nuevo. Esa vez la aceptó. 'Cuando me la contaste la primera vez era demasiado irreal, demasiado imposible, pero ahora, con el sueño en la película, funciona'". (1-6) Una de las varias escenas surrealistas de **Le charme discret de la bourgeoisie**, en las que oficiales del Ejército fuman marihuana en público. (Páginas siguientes) Imágenes surrealistas de **Un chien andalou** de Buñuel.

1

2

5

6

9

10

13

14

3

4

7

8

11

12

15

16

Depardieu comprendió inmediatamente. Tomó la mano de Robespierre y se la puso alrededor del cuello diciendo: "Tocas esta carne, este cuello, y si sigues el camino que has emprendido te verás obligado a cortarlo". Eso se convirtió en uno de los mejores momentos de la película y surgió de la colaboración con un gran actor que da más de lo que se le pide.

Hay dos tipos de escritura. Uno es el modo literario de escribir un libro. Puedes escribirlo, y hasta publicarlo, solo. Pones palabras sobre el papel y no cambian. No habrá dos lectores que lean el libro en las mismas condiciones, a la misma velocidad, en el mismo lugar, deteniéndose en las mismas páginas, etc. Cada lector se imagina a los personajes con rostros diferentes, a veces identificándolos con actores. El segundo tipo de escritura concierne las artes escénicas. En este caso, lo que escribes es tan sólo el principio de un proceso técnico. Tus palabras serán transformadas y se convertirán en alguna otra cosa al final de ese proceso. No te enfrentarás a un único lector sino a un grupo de gente, un público. Y los espectadores no pueden detenerse ni volver atrás, están obligados a avanzar desde el principio al final al ritmo que marques. El proceso de escritura es distinto, pero también lo es el proceso de la recepción del resultado de tu trabajo.

Si al escribir te dedicas a pensar cómo va a dirigirse cada una de tus palabras, te paralizarás, lo que limitará tu inspiración y tus ideas. En un momento dado, debes liberarte, y esta capacidad para soltarte es una parte esencial del oficio de la escritura de guiones. Yo lo hago escribiendo en dos "movimientos dobles" (así los denomino) distintos. Cuando empiezo una historia, me encuentro en el cruce de dos, diez, o incluso mil posibilidades. Así que empiezo la primera parte de mi movimiento doble imaginándome a mí mismo como el primer espectador de lo que escribo. Si estuviera en un cine viendo esta película como espectador, ¿qué me gustaría ver? ¿Qué podría suceder?

La segunda parte del primer movimiento doble consiste en olvidarme de que soy un espectador y convertirme en uno de los personajes de la película. Entro en la película y me pregunto qué haría en esa situación, ¿cómo reaccionaría? Soy, simultáneamente, espectador y personaje.

El segundo movimiento doble implica proceder en "oleadas". La primera ola es la de la exploración; estoy en ese famoso cruce y tengo que explorar las diversas posibilidades de acción que existen sin eliminar las improbables. Aceptar todas las posibilidades requiere mucho, muchísimo tiempo, porque un cruce lleva a otro cruce, y cuando los personajes han hecho una cosa concreta, esa acción conduce a otra gama de elecciones. Tienes que explorar, luego volver atrás, analizar otra posibilidad, y repetirlo varias veces. Es muy técnico. La segunda ola es la de la reflexión, en la que pienso a fondo mis elecciones. Tal vez cierta idea era excesiva, tal vez es interesante pero puede que lo sea más para otra película dentro de unos años. Si avanzas sólo con oleadas de exploración acabarás con una historia en la que todo es posible, sin ninguna lógica. Si sólo te guías por oleadas de reflexión, terminarás sin nada sorprendente. Todo estará muy preparado, será lógico y muy poco interesante.

La ola de reflexión es necesaria porque el guionista nunca es totalmente libre en sus elecciones. Una película tiene que prepararse y ensayarse con sumo cuidado. Sabemos exactamente qué vamos a rodar, dónde y con qué actor. De modo que ¿cómo hacemos una película "surrealista" que ofrezca sorpresas, escenas inesperadas y raras o, al menos, momentos de ese tipo en una escena? Aunque el cine es un medio realista construido con fotografías y una fotografía es un instante de realidad, el guionista tiene que luchar contra la realidad. Es mucho más fácil ser surrealista en el escenario teatral porque el público sabe que tiene delante actores que no mueren de verdad cuando se desploman. Sin embargo, en el cine

2

3

(1-3) **Belle de jour**: "Trabajé diecinueve años con Buñuel, y siempre nos alejábamos de las ciudades, tanto en México como en España, e íbamos a un hotel en algún sitio, sin nuestras esposas, sin amigos, los dos solos compartiendo la experiencia de ser casi como presos encerrados en la historia. Escribo mejor cuando lo hago en común con el director. Cuando sugieres algo, puedes saber inmediatamente por su reacción si le produce alguna sensación intensa. También vences la soledad de la escritura. Algunas veces los autores, yo entre ellos, son muy indulgentes consigo mismos, y les complace cuanto descubren, porque es idea suya. Otros se comportan al contrario. No les gusta nada de lo que encuentran y se sienten culpables".

We hear the sound of Charlotte beating him with the leather
scourge in the next room. The door opens off screen and Anais
comes in.

                         ANAIS
                Come on, there's someone waiting.

Severine leaves the spyhole with apparent regret and comes
towards the camera.

                      ANAIS (CONT'D)
                Well, did you see? What did you
                think of it?

                        SEVERINE
                How can anyone get so low…You must
                be used to it …But it disgusts me.

Anais looks at her enigmatically, thinking no doubt that
Severine does not see what sort of person she is herself.
Then she goes off and Severine follows her.

A bulky Asiatic has just arrived and is standing with
Mathilde in the entrance hall. The man opens a small Japanese
lacquered box which he is holding. (We do not see the
contents). He shows it to Mathilde. A curious humming noise
comes from inside the box. He looks at her interrogatively.
Repelled by it all, Mathilde replies in tones of considerable
disgust.

                        MATHILDE
                No thank you monsieur. Not for me.

Camera pans left as she goes off while the Asiatic closes the
box with a shrug. Anais and Severine come into view from the
left and camera pans back again as they go up to the Asiatic.
Anais introduces Severine, asking him –

                         ANAIS
                What about this one? Will she do?

Severine reaches up, puts an arm around his neck and kisses
him. The Asiatic looks at Severine, says something in an
Eastern language, then pulls a small white card of the
Diner's Club variety out of his pocket. He holds it out to
Anais.

                      ANAIS (CONT'D)
                What's this?

She takes out the card and examines it, then says in a
terrible English –

                      ANAIS (CONT'D)
                (reading) Credit card…Geisha's Club

She gives it back to the Asiatic and says loudly, trying to
make him understand with gestures –

                      ANAIS (CONT'D)
                No, no…it's no good here… (rubbing
                her thumb and forefinger together)
                Cash!

The man takes his card back. He nods, understanding, says
something and pulls out some banknotes. Anais takes two and
hands the rest back, saying to Severine –

                      ANAIS (CONT'D)
                All right, go ahead.

The Asiatic takes Severine, who kisses him. Holding her round
the waist, he comes with her towards us. We follow them as
they go off down the corridor to one of the bedrooms. He
pauses several times to kiss her on the neck. In contrast to
her previous manner, Severine seems to be looking forward
with enthusiasm to her work.

Medium shot inside the Blue Room. Severine enters, followed
by the Asiatic, who is still clutching his lacquered box. He
puts the box down on a chest of drawers, then takes off his
hat and coat and hangs them up. Then he advances towards
Severine. The same curious humming sound comes from it as
before. She looks down into the box and then looks up at the
Asiatic, rather alarmed. Smiling and firm, the Asiatic
gestures reassuringly and says in pidgin French–

                        ASIATIC
                Not to fear….Not to Fear

Then he continues to talk to her in his own language,
undressing as he does so. Severine puts down the box and
starts to take off her brassiere. The Asiatic objects volubly
and points to her briefs, indicating that she should remove
only them.

Medium close-up of the two of them from the waist up. The
Asiatic has now taken his shirt off, revealing an
impressively muscled body. Sevenine takes off her briefs and
hands them to the Asiatic, who has stretched out a hand. He
inspects the briefs, still chattering away, then raises his
arms. Severine strokes his shoulder appreciatively. In his
left hand he is holding a little bell, which he shakes.

Close-up of the Asiatic's face. Camera pans across to his
left hand as he shakes the bell, ringing it and talking at
the same time. Fascinated by this, Severine is watching him
intrigued. She breaks into a smile and suddenly draws the
Asiatic towards her, flinging her arms around his neck.

4

7

5

8

6

9

(3) *Vistiendo a la novia* de Max Ernst. "El misterio es el fundamento del surrealismo. En cualquier pintura de Max Ernst o de Yves Tanguey hay algo que el espectador no puede entender. Algo parecido ocurre con la cajita que el asiático le muestra a las prostitutas en **Belle de jour** (4-9). No tenemos la menor idea de qué hay dentro y no tenemos por qué saberlo. Son las reacciones a la cajita lo interesante: a algunos les atrae y a otros les repele. Es un elemento irracional en la narración, de los cuales hay muchos en **Belle de jour**, ya que está basada tanto en la imaginación y los sueños como en la realidad." (1-2) Fragmento del guión de **Belle de jour** publicado en inglés.

casi siempre se considera mejores a las películas que parecen más reales. Aunque es difícil, el escritor debe intentar introducir algunos elementos de confusión en esa realidad y certeza.

Cuando el productor estadounidense Saul Zaentz me pidió que adaptara la novela de Milan Kundera *La insoportable levedad del ser* muchos me dijeron que era imposible hacer una película con ella. Decían que el libro era una reflexión filosófica que se estructuraba más como una pieza musical que como una trama estándar. Así que releí el libro como una película en potencia, para ver si descubría la base para un guión que pudiera llevar oculta. La historia trata de una pareja, Tomas y Tereza, que abandonan Checoslovaquia tras la invasión soviética y van a Suiza. Allí, Tomas le es infiel a Tereza, que se ha vuelto una persona aburrida. Ésta se da cuenta de que ha perdido el sentido de su vida, que era luchar contra los rusos, y por eso regresa a Checoslovaquia. El lector comprende que ella prefiera regresar porque los elementos claves que influyen en su decisión están claros. Tomas se queda solo, pero es muy feliz. Aunque ama a Tereza, su amor no parece ir más allá; tiene éxito en su profesión como cirujano cerebral. Un día está solo en Ginebra, sentado en un café. Es un día soleado, con una luz muy bella. Tomas no puede soportarlo más de 10 minutos y de repente regresa a Checoslovaquia. Ese momento tiene todas las cualidades que le pedimos a una historia: es imprevisible a la vez que inevitable. Dice, con tan sólo una acción, que Tomas ama a Tereza más de lo que pensaba, que ama Checoslovaquia más de lo que pensaba y que ama la oscuridad y, tal vez, incluso la muerte más de lo que pensaba. Cuando leí ese fragmento, me dije: "Sí, aquí hay una película".

Cada país debería tener su propio cine, del mismo modo que es vital que cada país tenga su propia pintura y su propia música. Sería espantoso que sólo hubiera un tipo

de música en el mundo. No existe un modelo correcto y único de escritura de guiones, pero sí existe uno comercial predominante que procede de Estados Unidos. Este modelo produce un cierto tipo de película. Pero eso no tiene que ver con lo que nosotros denominamos "cine" porque puedes hacer películas sin "hacer cine", que es lo que le ocurre a la mayoría de los cineastas estadounidenses. Lo lamentable sería que un guionista africano o uno iraní intentaran escribir películas estadounidenses. Sería ridículo. El cine puede ser la expresión de un pueblo, de una nación, de una tradición. No es un vehículo universal en modo alguno, ni debería serlo. ¿Cómo puede escribir un iraní una película estadounidense? ¿Se imaginan a un editor francés preguntándole a un escritor portugués por qué sigue escribiendo novelas? "Compre novelistas franceses, tenemos a Balzac, Proust, Flaubert, y muchos más, y son mucho mejores que los suyos. Así que dedíquese a leer nuestros libros y deje de escribir sus propias novelas." Eso es, más o menos, lo que escuchamos de Estados Unidos con respecto a las películas europeas.

A mis amigos de África les repito siempre que escriban películas para un público africano y que no se olviden de sus hermanos. Un guionista debe hablar su propio idioma y empezar con su propio mercado. Personalmente, no tengo el menor interés por escribir para un público del Medio Oeste americano. ¿Por qué debería tenerlo? Desde un punto de vista comercial es absolutamente lógico que quieras que tu película la vea la mayor cantidad de gente posible, pero no es ése el objetivo principal para alguien que considera que el cine es una forma de arte. El objetivo principal es hacer buenas películas. Los grandes hitos de la historia del cine muy pocas veces son grandes éxitos comerciales. **Citizen Kane** (*Ciudadano Kane*) no tuvo el menor éxito en Estados Unidos. Un artista, esté donde esté, empieza comunicándose con sus propios vecinos. Ellos hablan su misma lengua, se enfrentan a los mismos problemas, comparten la misma historia, viven en

1

2

3

4

5

6

7

8

9

10

11

12

13

(1-13) "Trabajé en **Die Blechtrommel** no sólo por la calidad del director y de la novela original, sino porque era mi primera película en Alemania con un director alemán. Esto significaba que me abría las puertas a gentes nuevas, a nuevas ciudades, nuevas culturas y nuevas maneras de contar historias, porque cada país posee su propia cultura narrativa." La imaginación surrealista abunda en la película. El joven Oskar Matzerath no ha crecido desde los 3 años y puede hacer añicos el cristal con sólo gritar (1-6).

el mismo clima, comen la misma comida y aman las mismas historias. Si, con posterioridad, ese artista llega a todo el mundo, tanto mejor.

Algunos de mis amigos, entre ellos guionistas estadounidenses, tienen planificado su trabajo hasta el mínimo detalle con dos o tres años de antelación. Para mí, es algo impensable, yo no sé qué voy a hacer dentro de cuatro meses. Por supuesto, siempre tengo algún trabajo entre manos para los dos o tres meses siguientes, de otro modo no puedes sobrevivir, pero verme comprometido durante uno o dos años me impediría aceptar nuevas y posiblemente fantásticas aventuras. Como siempre bromeo con mis amigos: "¡Tengo que estar preparado por si llama Fellini!". Si lo que buscas es fama más vale que no sólo seas guionista, pero si quieres tener una vida interesante yendo de un país a otro, de una época a otra, de un tipo de relato a otro, en ese caso no hay nada mejor que ser guionista. Puedes adentrarte en culturas, países, historias, épocas y lugares diferentes mucho mejor que, pongamos, un periodista.

(1-4) "En **Danton** tuve la oportunidad de trabajar con un director polaco, Andrzej Wajda, sobre una historia de la Revolución Francesa. Me negaba a hacerlo con directores franceses porque todos habríamos estado demasiado implicados y nos habríamos reunido habiendo leído los mismos libros. De un modo similar, analicé la burguesía francesa con el director español Buñuel. Era un desafío escuchar las ideas de un extranjero sobre mi propia tradición y cultura."

biografía

Nacido en 1912 en una familia campesina de Hiroshima, Kaneto Shindo es uno de los guionistas cinematográficos más prolíficos, con más de doscientos guiones en su haber. Shindo empezó en la industria del cine en 1933 como ayudante del director artístico trabajando, entre otros, con Akira Kurosawa. En 1937 ganó un concurso de una revista de cine con su primer guión. Entonces Shindo perfeccionó su oficio trabajando como aprendiz de guio-

kaneto shindo

nista con el reputado director japonés Kenji Mizoguchi hasta 1943, cuando fue llamado a filas por la Armada japonesa para luchar en la Segunda Guerra Mundial. Al acabar la guerra, Shindo regresó a su país y trabajó como guionista en el principal estudio japonés, Shochiko. Lo abandonó en 1950 para fundar su propia empresa, Kindai Eiga Kyokai, con el director Kimibasuro Yoshimura. Desde entonces ésta ha sido una de las productoras independientes más respetadas de Japón, con obras que se suelen distinguir por sus preocupaciones políticas y su conciencia social. Shindo hizo su debut como director en 1951 con **Aisai mono Gatari** (*My beloved Wife*) y ha dirigido más de treinta guiones suyos, a la vez que continuaba escribiendo muchos otros para numerosos directores. El guión de su película **Hadaka no Shima** (1960, *The Island*) no contenía diálogos y ganó el gran premio del Festival Internacional de Cine de Moscú. Entre las películas que ha escrito y dirigido se cuentan **Gembaku no Ko** (1953, *Los niños de Hiroshima*), **Onibaba** (1964), **Kuroneko** (1968), **Goyo no Yuigon-jo** (1995, *A Last Note*) y **Ikitai** (1998, *Will to Live*). Ocupa la presidencia honoraria de la Asociación de Guionistas Japoneses.

entrevista

Lo único que me interesa son las personas y el modo en que viven. Hace mucho tiempo, Japón entró en la China continental e inició una guerra brutal. El Japón que invadió China y empezó una guerra era el mismo país que sufrió el bombardeo atómico de Estados Unidos. El piloto estadounidense que apretó el botón que abría las bodegas de la bomba, y los japoneses que recibieron la radiación eran todos igualmente humanos. Las personas son tanto demonios como dioses, ¡un verdadero misterio! Un cirujano puede "abrir" una persona y desmontarla, pero no puede desmontar su verdadero corazón. Cuando digo "corazón" no me refiero al órgano físico sino a algo intangible que reside en nuestro interior, algo que los médicos no pueden ver ni analizar. Yo quiero hacer lo que los médicos no pueden.

¿De qué escribe un escritor? De sí mismo. Cuando empecé a escribir a los 25 años, no me daba cuenta de eso. Quería escribir de temas que excitaban mi propia curiosidad. Pero cuanto más escribía más claro veía que lo hacía sobre mí mismo. No sé lo que piensa mi amigo más íntimo. No conozco la mente de nadie, pero sí sé quién soy.

1

2

3

4

5

6

"A lo largo de la historia han sucedido cosas terribles. Aun así la gente se las arregla para superarlas y salir adelante, dando muestras de una capacidad innata para sobrevivir. Ese es mi tema principal. En ese contexto, una de mis preocupaciones es el bombardeo atómico. Soy de Hiroshima y miembros de mi familia estuvieron expuestos a la bomba y sufrieron las consecuencias de la radiación. Creo que en el siglo XXI la energía nuclear es la cuestión más importante a la que ha de enfrentarse la humanidad. Dado que fue la primera ciudad que sufrió la devastación de la energía atómica, creo que Hiroshima tiene derecho a contárselo al mundo." Shindo escribió cinco películas sobre el bombardeo, entre ellas **Gembaku no Ko** (1-4, 6) que cuenta la historia de una maestra de jardín de infancia que regresa a la ciudad y se encuentra con algunos de los jóvenes supervivientes. La película hace hincapié en la vida contemporánea de éstos más que en la destrucción de la ciudad. (5) Fotografía de la devastación de Hiroshima tras el bombardeo atómico.

Sé qué clase de malos pensamientos tengo. Y también conozco mis buenos pensamientos. Además, sé que en mi corazón unos y otros están en lucha perpetua. Así que cuando escribo busco temas que me representen, y el proceso de escritura se convierte en una batalla interior conmigo mismo.

Las historias se desarrollan a partir de situaciones problemáticas. Cuando surge un problema, empieza la historia. Algo debe suceder para que haya una historia, pero nada debe ocurrir en función simplemente de la propia narración. Los personajes crean la historia. Para algunos escritores es como el huevo y la gallina, se preguntan qué fue primero, ¿los protagonistas o la historia? Yo creo que los personajes son más importantes y la trama está subordinada a ellos. Si empiezas con una historia, los papeles de los personajes quedarán fijados, algo que no es realista. Hemos dejado atrás la época en que las personas existían en función de las historias. Hemos ido más allá. Hemos entrado en un período en que las historias fluyen a partir de las personas.

Hubo una época en Estados Unidos en que se pensaba que se podía crear una cadena de montaje para manufacturar guiones. Había distintas personas encargadas de los diferentes aspectos de un guión. La idea era que sus diversos talentos se reunieran y que la suma de las partes sería mayor que cualquier contribución individual. Sin embargo, se descubrió que tal sistema no funciona. En un grupo de guionistas se crean fricciones y la suma es siempre menor que las partes. Cada uno de nosotros es único, todos tenemos nuestra propia individualidad y cada uno está bendecido con un gran talento. A menos que nos basemos en estas características distintivas, no puede haber nada original. Es la mente, la individualidad y la personalidad del autor lo que crea el guión.

Mis antecedentes eran haber nacido como granjero en una gran familia de la costa del mar interior de Seto (oeste de Japón). Crecí viendo el duro trabajo de mis padres en los campos, sobre todo la figura de mi madre cargando un gran peso sobre la espalda encorvada. Recuerdo la plantación del arroz a principios de verano, seguida de la siega bajo el sol abrasador y luego la animada temporada de cosecha en otoño. Cuando, más tarde, recordaba todo eso, me parecía simbólico. Así que en 1960 escribí y dirigí una película titulada **Hadaka no Shima**. En la película hay una pareja con dos hijos que vive en una isla, y que tiene que traer el agua de otra isla cercana. Necesita agua para su propio consumo, para cocinar y para los cultivos. La historia describe el proceso de ir a buscarla cada día. La tierra es inhóspita. Los integrantes de la familia riegan la tierra seca y ésta se filtra en el terreno. Vuelven a echar más agua, que se filtra de nuevo, y echan otra vez. Para mí, esa tierra seca es el corazón humano. La historia surgió de mi propia experiencia individual.

Hadaka no Shima es una película con sonido, pero no hay diálogo y el drama se desarrolla a través de las imágenes. Sólo pueden oírse el viento, el mar y un sonido de voces irreconocibles. Cuando era niño, a los granjeros les resultaba difícil expresar su lucha con la tierra. Quise expresar el silencio de esos campesinos. Así que decidí que en **Hadaka no Shima** mostraría la realidad de la vida campesina en una especie de poema visual. A medida que escribía el guión se convirtió en un experimento de cómo crear drama y conflicto sin diálogo. La imagen se transformó en el narrador. Las imágenes de cada plano y de cada escena luchan entre sí y mediante ese conflicto la imagen crea el drama. Creo que los guionistas escriben para crear imágenes. El cine es imágenes; el diálogo no es la fuerza motriz principal en el cine. Los guionistas no son novelistas porque, aunque escriban un texto, el producto final no es texto. Puedo utilizar personajes en mi escritura, pero lo que busco crear en última instancia es imagen. Si te ves incapaz de representarte mentalmente esas imágenes finales no deberías ser guionista.

A young woman is beating clothes on a stone with a stick.
This rhythmic beating continues throughout the scene. A man
approaches.

          MAN
      A fine day.

          YOUNG WOMAN
      You've caught a big fish.

          MAN
      I had nothing to eat - how do you
      manage? You don't seem to grow
      anything.

The woman doesn't reply. He approaches her.

          MAN (CONT'D)
      Do you steal? That's it. Everyone
      steals in Kyoto and anywhere there
      is fighting. So you steal too?

She turns to the man, angry from his insinuations.

          YOUNG WOMAN
      Why didn't you save my husband?

He answers her question directly.

          MAN
      There wasn't time. Twenty farmers
      attacked the two of us. All I could
      do was get away.
      (beat) You must have been waiting
      for him. What will you do now? He's
      dead. No use staying with the old
      woman.

          YOUNG WOMAN
      It's none of your business.

          MAN
      You're still young. How about
      coming to me.

He looks at her lustfully. Through the reeds, her mother-in-
law approaches. She stops and looks at both her daughter-in-
law and the young man. Both look at her.

          MAN (CONT'D)
      A fine day.

The Mother-in-law first looks at her daughter-in-law, and
then asks the young man -

9

          MOTHER-IN-LAW
      What are you doing here?

          MAN
      I've been fishing. I've got food
      to eat. You have it.

He throws his fish to the young woman. She looks at her
mother-in-law, undecided whether or not to accept the fish.

          MOTHER-IN-LAW
      Take what's offered.

She takes the fish. The man leaves.

          MOTHER-IN-LAW (CONT'D)
      What did he say?

          YOUNG WOMAN
      Nothing.

          MOTHER-IN-LAW
      He's no good. He's not even sorry
      he came back alone. He may have
      killed my son. Don't be too
      friendly with him.

(1-12) **Onibaba**: Transcripción y fotogramas de una escena de **Onibaba** en la que se describe la relación existente entre la suegra y la nuera (1-8), que matan samurais para sobrevivir. En esta escena las mujeres se encuentran con un hombre que más tarde afirma ser un "amigo" del hijo. En **Onibaba** la suegra se pone una máscara para atemorizar a su nuera (12), al igual que en la leyenda japonesa que inspiró a Shindo al escribir el guión de la película.

3

4

5

6

7

8

kaneto shindo

10

11

12

La película tiene como objetivo ser entretenida, pero no todo es cuestión de hacer películas que sean sólo divertidas. Es importante escribir guiones que nos inspiren para vivir. A veces, mis propias películas no son bien entendidas porque se interpretan como manifestaciones de sexo o de violencia. Esto sucede cuando el público no sabe ver más adentro. La historia no trata de sexo o violencia, sino que es un acto que indaga y reflexiona sobre qué es el sexo o qué es la violencia. Por eso haces una película. Utilicé el sexo como tema en una película que escribí y dirigí titulada **Onibaba**. Para esa película tomé prestado un pequeño elemento de un antigua historia japonesa.

La historia la protagonizan una joven y su suegra. La joven quiere ir al templo budista. Para impedirle que vaya, la suegra se pone una máscara de demonio y la asalta de camino hacia allí. Al ver la máscara, la joven se asusta y vuelve corriendo a casa. Entonces Dios castiga a la suegra impidiéndole que se quite la máscara. Esa leyenda está extraída de una norma budista japonesa que dice: "No debes interponerte en el camino de alguien que va a rezar al templo". El guión de **Onibaba** guarda cierta similitud, ya que también aparecen una joven y su suegra. El marido de la joven (el hijo de la suegra) era un samurai que había muerto en combate. Sin embargo, en lugar de que el punto de destino de la chica sea un templo budista, en **Onibaba** transformé su destino en un hombre. La mujer va a verlo para acostarse con él. Para impedirlo, la suegra se pone una máscara espantosa y la asusta. La situación se repite hasta que la máscara se queda pegada a la cara de la suegra. Eso es lo que tomé prestado de la leyenda japonesa.

En Japón existe una antigua tradición oral de contar historias. En el pasado, los narradores se situaban en la esquina de una calle y empezaban a hablar. Esa tradición pasó al teatro moderno, luego a las películas y ahora a la televisión. Todos esos medios son una evolución del arte de narrar historias, de hablar a la gente. **Onibaba** se desarrolla en el siglo XVI, durante el período de los estados guerreros en Japón, cuando luchaban los samurais. En nuestro mundo las guerras también son frecuentes y, como consecuencia, la gente sufre, pero se las arregla para perseverar, mantener relaciones sexuales, procrear y salir adelante. Ésa es la historia de la humanidad: la historia de la procreación, el sexo y el salir adelante.

Tuve la oportunidad de estudiar guión antes de la guerra trabajando como aprendiz con el prestigios director Kenji Mizoguchi, cuando las películas japonesas empezaban a ser habladas. En aquella época, la productora tenía una sección independiente encargada de los guiones, así que había varios veteranos y, por debajo de ellos, estábamos los aprendices como yo. Después de la guerra, se eliminó la sección de guiones propia de la productora, que empezó a hacer contratos *freelance* temporales con los guionistas. Fue una espléndida forma de aprender. Es muy, muy sencillo (¡y no te pagan!). Vas y escribes un guión, los veteranos se lo leen, lo valoran y te lo critican, y ese proceso se repite una y otra vez. Si los veteranos que revisan tu trabajo no son buenos, no sale nada bien. Afortunadamente, Mizoguchi era genial, tanto en sus funciones de crítico como de director, y por tanto saqué mucho provecho de esa experiencia. Aunque ahora las relaciones contractuales siguen el sistema de *freelances*, aún es habitual que los jóvenes aspirantes a guionistas trabajen en estrecha colaboración con un veterano establecido.

Cuando escribes un guión hay ciertas maneras de plantear los diálogos, construir la historia, expresar el movimiento y muchos otros detalles específicos que tuve que aprender, pero en esencia es la película acabada mi verdadero maestro.

2

3

5

6

(1) Shindo dirigiendo. "Mi trabajo sigue el legado de los grandes escritores, y eso trasciende las barreras nacionales, lingüísticas y culturales. Aunque esos maestros tienen grandes diálogos y situaciones, en ningún caso se te permite robarles, más bien su inspiración fluye por mis venas sin que acabe de entender del todo cómo se expresa. Shakespeare, Molière (5), Chéjov (6), Eugene O'Neill, Tennessee Williams están en mi sangre, así como las antiguas leyendas y tradiciones japonesas. El mundo también está lleno de grandes películas. Esos cineastas que vivieron antes que yo, y que tenían mucho más talento, también crearon un gran legado del que aprender. Las películas japonesas maduraron gracias a las enseñanzas de las estadounidenses, francesas e italianas. Directores como John Ford o Billy Wilder ejercieron una gran influencia sobre los cineastas japoneses. Pero en Japón tenemos nuestras propias tradiciones y nuestras propias artes tradicionales y por eso no intentamos imitar las películas de Europa o de Estados Unidos. Procuramos aprender de sus técnicas y utilizarlas para desarrollar nuestro propio cine." Fotogramas de **Stagecoach** (*La diligencia*), de John Ford (2), y de (3) **Some Like it Hot** (*Con faldas y a lo loco*), de Billy Wilder. (4) *Kamezo como el monje guerrero*, un dibujo a pluma y tinta de 1856 del artista japonés Utagawa Kunisada.

4

1

guionistas

2

3

4

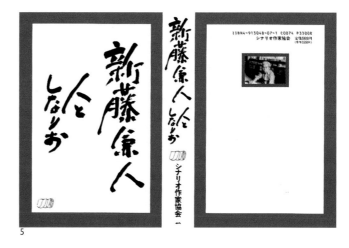

5

Desde que es octogenario, las películas de Shindo han explorado el tema de la vejez. **Goyo no Yuigon-jo** (1, 4) narra la historia de una actriz envejecida que visita su pueblo en el campo durante el verano y acaba volviendo a Tokio para trabajar en el teatro. "La actriz protagonista, Haruko Sugimura, tiene más de 80 años pero es vital, está en buen estado físico y todavía pasa casi todo su tiempo actuando. Para ella, la vida es el trabajo. El gobierno debe cuidar a las personas que han perdido la capacidad de pensar a causa de la senilidad. Las personas sanas 'normales' quieren pensar y comportarse activamente porque ése es el objetivo de los seres humanos. En esta tierra el único ser creativo es el hombre. Los habitantes de este mundo no deben acabar sus días como si estuvieran aturdidos." (2-3) "Cuando escribí **Hadaka no Shima** tomé todas las características que podemos encontrar en la humanidad y las utilicé en los personajes de una esposa, un marido y dos hijos. Mediante ellos expresé los grandes problemas a los que todos hacemos frente." (5) Uno de los muchos libros de Shindo, que recoge sus guiones y sus ideas sobre el oficio de escribir para el cine.

Muchas de las películas realizadas en Hollywood, y en Gran Bretaña, Francia y Rusia, son como maestros que me enseñan. Lo que importa es incorporar la esencia de esos grandes maestros a mi propio trabajo sin limitarme sólo a imitarlos. Nadie sale del útero siendo guionista. Desarrollar ese talento supone un gran esfuerzo. Hay que aprender ciertas técnicas, pero no se trata de algo que te enseñen en la escuela. Tienes que ser un artista con talento y, además, tienes que estudiar a las personas, la técnica cinematográfica y la escritura, y todo eso no servirá de nada a menos que tu comprensión de la técnica cinematográfica se conjugue apropiadamente con tu dominio de la escritura.

Todo aspirante a guionista necesita acumular experiencia, y ésta se consigue con esfuerzo. Mediante el esfuerzo mejoras también tus habilidades. Nuestros pensamientos e ideas no tienen estructura, y para dársela necesitamos adoptar una técnica. Para conseguirla tienes que estudiar. Estudiar, estudiar y estudiar. Los aspirantes a guionistas tienen que ser conscientes de ello. El guionista siempre debería estar satisfaciendo su curiosidad, una curiosidad que debería ser ilimitada. Lo que no sepas, tómalo como un reto. Recuerda que nuestras vidas no avanzan suavemente, sin incidentes. Según va transcurriendo tu vida, te topas con barreras y obstáculos. Lo que importa es que superes esos problemas. Te caes, pero te vuelves a levantar, lo intentas de otra manera y experimentas. No tardarás en volver a caer, y vas a tener que levantarte de nuevo. Tu talento no se desarrollará a menos que aprendas cómo recuperarte de tus caídas. Lo fundamental para convertirse en guionista es ser capaz de reconocer que te has caído. Mucha gente no sabe.

He disfrutado de mi trabajo como escritor y mi vida se ha enriquecido gracias a él. La gente hace todo tipo de trabajos. Algunos hacen películas, otros sillas. Todo el mundo trabaja, pero a menos que disfrutes de tu trabajo, no te irá bien. Si no te interesa, no será bueno. Pero si te interesa lo que haces, profundizarás más; profundizas y sigues profundizando hasta hacerlo mejor. A menos que lo hagas así no serás capaz de conmover a nadie más con tu obra. Cuanto más explores tu obra y tu vida, mejor comprenderás que no sabes nada. Lo único por lo que merece la pena vivir es que siempre hay algo nuevo que aprender. No desesperes, la única razón por la que sigo adelante tras 89 años de vida es porque todavía me quedan muchas cosas por saber. Y si alguna vez sientes que lo sabes todo, entonces sencillamente te morirás. Así que ¡sigue profundizando!

biografía

Ruth Prawer Jhabvala nació en Colonia en 1927 y lleva escribiendo desde el día que aprendió el alfabeto. Sus padres eran judíos y, por tanto, se vio obligada por la legislación nazi a asistir a escuelas segregadas. En el año 1939, Jhabvala y su familia huyeron de Alemania y del Holocausto, y encontraron refugio en el Reino Unido. A los 24 años, tras obtener su título de posgrado en la Universidad de Londres, Jhabvala se instaló en Delhi,

ruth prawer jhabvala

entrevista

donde inició una prolífica carrera como novelista. La escritora no mostró ningún interés por el cine hasta que el director James Ivory y el productor Ismail Merchant compraron los derechos de su novela *The Householder* en 1960. Ése fue el principio de su colaboración con Merchant e Ivory, que se ha prolongado durante cuarenta años. Entre sus primeras películas figuran **Shakespeare Wallah** (1965) y **Autobiography of a Princess** (1975). En su trabajo en estrecha colaboración con Ivory, Jhabvala descubrió una afinidad entre su sensibilidad y la de los novelistas E. M. Forster y Henry James; del segundo adaptó **The Europeans** (1979, *Los europeos*), **The Bostonians** (1984, *Las bostonianas*) y **The Golden Bowl** (2000, *La copa dorada*); y del primero **A Room with a View** (1985, *Una habitación con vistas*) y **Howards End** (1992, *Regreso a Howards End*), películas que le supusieron sendos Oscar de la Academia. Además, Jhabvala fue nominada por su adaptación de la novela de Kazuo Ishiguro **The Remains of de Day** (1993, *Lo que queda del día*). Además, ha continuado escribiendo novelas y ha adaptado una obra suya, *Heat and Dust* (publicada con el título de *Calor y polvo*, pero estrenada con el de *Oriente y Occidente*), en el año 1982.

Empiezo a preparar la adaptación de un libro de este modo: lo leo una, dos, tres veces y luego lo dejo de lado. Entonces trabajo sin el libro durante un tiempo. Tengo que encontrar una forma que *no* sea la de la novela, la forma de la película *nunca* es la de la novela. Esta forma es una especie de constructo dentro de mi cabeza. Resulta muy difícil de describir. Es más fácil describir la diferencia entre escribir una novela y escribir un guión. Cuando escribo una novela, no tengo en verdad una idea clara de en qué dirección ni de qué manera avanza. Debe dejársela crecer. Pero con un guión (tanto original como si se trata de una adaptación), debo saber desde el principio en qué dirección tiene que ir. Con ello no me refiero al desarrollo de una historia desde el principio hasta el final pasando por el medio. Se trata más bien de tener una idea clara del concepto que mejor expresaría la esencia de la película. Por ejemplo, **Mr & Mrs Bridge** (*Esperando a Mr Bridge*) se basaba en dos novelas de Evan Connell que están escritas como una serie de fragmentos breves. Utilicé esos fragmentos, pero de una manera distinta. Esa forma era el paso de las estaciones: la película empieza en primavera y acaba en pleno invierno, no del mismo año sino de varios años después, duran-

2

3

"He escrito unas viente películas, pero sigo siendo antes que nada una escritora de ficción. Escribir ficción es lo que me ha permitido sentirme como en casa en una sala de montaje, porque durante muchos años en mis novelas he hecho lo que hace un montador con una película: cortarla, condensarla, darle la vuelta a las escenas para lograr un contraste o un contrapunto más eficaz. Eso sirve también para la literatura. Escribí *Heat and Dust* (*Calor y polvo*) (1) de un modo lineal, con el relato contemporáneo (3) y la historia de 1923 (2) como entidades separadas, a continuación monté todo de manera que los dos períodos de tiempo distintos se relacionaran entre sí, igual que habríamos hecho en una película. Mis novelas posteriores están escritas de tal modo que habría sido fácil montarlas y remontarlas en una sala de montaje. Dos de ellas, *In Search of Love and Beauty* y *Shards of Memory* (*Jirones de la memoria*) se componen de una serie de escenas yuxtapuestas, que saltan libremente en el tiempo y el espacio como una serie de *flashbacks* reunidos."

te los cuales los padres envejecen y los niños crecen. De manera que la forma de la película se ha convertido en el transcurso de la vida humana, que se refleja en el paso de las estaciones.

Sólo cuando tengo una cierta concepción, por vaga que sea, de la forma (que no es la estructura), puedo empezar a concentrarme en el contenido. En ese momento, mi método de trabajo puede variar. En buena medida depende del tiempo que me quede para presentar el guión (o para "rendirlo", como tiendo a pensar). A veces tengo que hacer un trabajo urgente. Por ejemplo, en **Hullabaloo**, Merchant e Ivory tenían que disponer de un guión en cuestión de semanas, es más, ya estaban en las localizaciones antes de que yo hubiera terminado de escribir. Pero si dispongo de mucho tiempo, me gusta preparar el guión de manera más elaborada y realizar diversas versiones. Si me enamoro de un proyecto, eso supondrá una gran diferencia. He de confesar que no siempre ha sido así. Ha habido casos en los que no me ha atraído demasiado el proyecto que tenía entre manos, pero, sabiendo que teníamos que disponer de un guión, lo escribía con frialdad, casi como un ejercicio, como se resolvería un problema de matemáticas o de ajedrez. Eso da un tipo de satisfacción diferente: el placer de usar la propia habilidad técnica.

Pero cuando me enamoro de un proyecto le dedico todo el tiempo que puedo. Mis dos adaptaciones preferidas son **Mr & Mrs Bridge** y **The Golden Bowl**. Me puse a escribirlas del mismo modo: analizándolas. Estudiando a fondo los libros, realicé un análisis por separado de cada personaje, señalando sus características individuales. Así, tenía un apartado para el aspecto; otro para el modo de hablar; para la simplicidad; para la complejidad; para la integridad; para la tortuosidad; para el egoísmo; para el altruismo y así sucesivamente, abarcando toda la serie de posibilidades de la personalidad y las pasiones humanas.

Por supuesto, esto sólo puede hacerse con los grandes libros en los que los personajes son reales, complejos y "saltan" de la página. También tenía apartados para las relaciones de los personajes entre sí, con pasajes señalados en los que parecen amarse, donde no pueden soportarse unos a otros, o donde sí se aguantan. Es un análisis que puede prolongarse indefinidamente, dado que sirve no sólo para un personaje concreto con otro, sino para cada personaje con todos los demás. Las referencias cruzadas y los enredos son infinitos. Es muy divertido.

Si tengo tiempo, leo mucho sobre el proyecto, aunque en el momento en que he terminado el guión olvido por completo cuanto he leído. Durante un tiempo (mientras leía sobre **Jefferson in Paris** [*Jefferson en París*]) me convertí en una humilde experta sobre Jefferson, el esclavismo estadounidense y la Revolución Francesa. Pero no me atrevería a elevar esas lecturas a la categoría de investigación, se trata tan sólo de leer sobre un tema y todo cuanto puedas de lo que se ha escrito o haya quedado del mismo. Para historias que ocurren en el pasado me gusta leer libros contemporáneos al proyecto, para sumergirme en él. Con autores a los que admiro, como [Henry] James y [E. M.] Forster, me gusta leer no sólo sus novelas sino también las de sus contemporáneos, así como sus biografías, con el mayor detenimiento. Lo que no leo es crítica literaria, es decir, las interpretaciones de otras personas sobre las obras, que me parece que no me importan nada mientras yo estoy esforzándome con mi propia lectura.

Aunque siento el mayor de los respetos por algunas novelas, creo que al convertirlas en una película es necesario ser absolutamente irrespetuoso. En esa fase lo único que importa es el guión, y hacer que éste funcione es mi única preocupación. No tengo el menor escrúpulo para cambiar escenas de arriba abajo o para inventarme otras nuevas. A veces, lo que funciona de manera espléndida en un libro no sirve para nada en una película.

(1) Fotograma de **A Room with a View** de la escena en la que Cecil [Daniel Day-Lewis] le lee a Lucy Honeychurch [Helena Bonham-Carter]. (2-4) La misma escena en el guión y en la novela.

guionistas

CECIL
(reading louder, not liking any interruption) "Under Orcagna's Loggia - the Loggia de'Lanzi, as we sometimes call it now - "

LUCY
What's the title?

CECIL
(reading from spine) <u>Under the Loggia</u> by Eleanor Lavish.

LUCY
(bursting into laughter) Eleanor Lavish! Oh my goodness! Mr. Emerson, you remember Miss Lavish?

GEORGE
Of course I do.

LUCY
No wonder the novel's bad. But I suppose one ought to read it as one's met her.

His dark head is very near her lap. She stares down at it. We feel her impulse could be to suddenly stroke it.

CECIL
There's an absurd account of a view which I will spare you -

LUCY
No, do read it...How do you like <u>our</u> view, Mr. Emerson?

GEORGE
My father says there's only one perfect view -

He looks up into her face - She waits, interested.

GEORGE
- the view of the sky straight over our heads, and that all these views on earth are bungled copies of it.

CECIL
(shutting the book with a snap) I expect your father has been reading Dante.

He gets up, ready to stalk off.

2

---

struck her that she could mean something else. She watched his head, which was almost resting against her knee, and she thought that the ears were reddening. 'No wonder the novel's bad,' she added. 'I never liked Miss Lavish. But I suppose one ought to read it as one's met her.'

'All modern books are bad,' said Cecil, who was annoyed at her inattention, and vented his annoyance on literature. 'Everyone writes for money in these days.'

'Oh, Cecil – !'

'It is so. I will inflict Joseph Emery Prank on you no longer.'

Cecil, this afternoon, seemed such a twittering sparrow. The ups and downs in his voice were noticeable, but they did not affect her. She had dwelt amongst melody and movement, and her nerves refused to answer to the clang of his. Leaving him to be annoyed, she gazed at the black head again. She did not want to stroke it, but she saw herself wanting to stroke it; the sensation was curious.

'How do you like this view of ours, Mr Emerson?'

'I never notice much difference in views.'

'What do you mean?'

'Because they are all alike. Because all that matters in them is distance and air.'

'H'm!' said Cecil, uncertain whether the remark was striking or not.

'My father' – he looked up at her (and he was a little flushed) – 'says that there is only one perfect view – the view of the sky straight over our heads, and that all these views on earth are but bungled copies of it.'

'I expect your father has been reading Dante,' said Cecil, fingering the novel, which alone permitted him to lead the conversation.

'He told us another day that views are really crowds – crowds of trees and houses and hills – and are bound to resemble each other, like human crowds – and that the power they have over us is something supernatural, for the same reason.'

Lucy's lips parted.

177

5

                    LUCY
          ...Cecil, do read the description
          of the view.

                    CECIL
          Not while Mr. Emerson is here
          to entertain us.

                    LUCY
          No - read away. Nothing's funnier
          than to hear silly things read out
          loud. If Mr. Emerson thinks we're
          frivolous, he can go help look for
          tennis balls.

     CECIL is pleased with this reply and sits down again,
     mollified.

                    LUCY
          Mr. Emerson, go and find tennis
          balls.

                    GEORGE
          Must I?

                    LUCY
          No, of course not.

                    CECIL
          (yawning, handing the book to
          LUCY) It's in Chapter 2 - just
          find me Chapter 2.

     LUCY leafs through the book to find the chapter. She
     reads something which freezes her. Her eyes are
     stretched wide.

                    CECIL
          Here - give it to me.

                    LUCY
          (holding the book away from him)
          Oh it's too silly - who would
          want to read such rubbish -

     CECIL reaches over and takes the book from her and reads:

                    CECIL
          "Afar off the towers of Florence,
          while the bank on which she sat
          was carpeted with violets. All
          unobserved, he stole up behind
          her" - Isn't it immortal? - "there
          came from his lips no wordy
          protestations such as formal
          lovers use..."

3

     He looks up from the book to have her share his smile -
     Afraid of what he might see in her eyes, she turns them
     from him -

     And looks straight into GEORGE's, unblinkingly raised
     to hers -

                    CECIL
          "No eloquence was his, nor did
          he suffer from the lack of it.
          He simply enfolded her in his
          manly arms - " This isn't the
          passage - there's another much
          funnier further on - (searching
          for it)

                    LUCY
          (in a steady voice) Should we
          go in to tea?

     She rises and leads the way.

                    CECIL
          By all means, tea rather than
          Eleanor Lavish.

     He follows her.

     GEORGE follows them both. They enter the shrubbery.

                    CECIL
          Oh, I forgot the book -

                    LUCY
          Never mind -

                    CECIL
          It's your mother's library book
          and she will fuss.

     He goes back to get it.

     GEORGE blunders against her in the narrow path.

                    LUCY
          No -

     But he kisses her (on the lips).

     And she stands still for him.

     CECIL'S VOICE can be heard approaching - "I must read
     you the bit about the murder - a crime passionel - "

     LUCY walks on.

4

'For a crowd is more than the people who make it up.
Something gets added to it – no one knows how – just as
something has got added to those hills.'

He pointed with his racquet to the South Downs.

'What a splendid idea!' she murmured. 'I shall enjoy
hearing your father talk again. I'm so sorry he's not so well.'

'No, he isn't well.'

'There's an absurd account of a view in this book,' said
Cecil.

'Also that men fall into two classes – those who forget
views and those who remember them, even in small rooms.'

'Mr Emerson, have you any brothers or sisters?'

'None. Why?'

'You spoke of "us".'

'My mother, I was meaning.'

Cecil closed the novel with a bang.

'Oh, Cecil – how you make me jump!'

'I will inflict Joseph Emery Prank on you no longer.'

'I can just remember us all three going into the country
for the day and seeing as far as Hindhead. It is the first thing
that I remember.'

Cecil got up: the man was ill-bred – he hadn't put on his
coat after tennis – he didn't do. He would have strolled
away if Lucy had not stopped him.

'Cecil, do read the thing about the view.'

'Not while Mr Emerson is here to entertain us.'

'No – read away. I think nothing's funnier than to hear
silly things read out loud. If Mr Emerson thinks us frivolous,
he can go.'

This struck Cecil as subtle, and pleased him. It put their
visitor in the position of a prig. Somewhat mollified, he sat
down again.

'Mr Emerson, go and find tennis balls.' She opened the
book. Cecil must have his reading and anything else that he
liked. But her attention wandered to George's mother, who
– according to Mr Eager – had been murdered in the sight
of God and – according to her son – had seen as far as Hindhead.

6

'Am I really to go?' asked George.

'No, of course not really,' she answered.

'Chapter two,' said Cecil, yawning. 'Find me chapter
two, if it isn't bothering you.'

Chapter two was found, and she glanced at its opening
sentences.

She thought she had gone mad.

'Here – hand me the book.'

She heard her voice saying: 'It isn't worth reading – it's
too silly to read – I never saw such rubbish – it oughtn't to
be allowed to be printed.'

He took the book from her.

' "Leonora," ' he read, ' "sat pensive and alone. Before
her lay the rich champaign of Tuscany, dotted over with
many a smiling village. The season was spring." '

Miss Lavish knew, somehow, and had printed the past
in draggled prose, for Cecil to read and for George to
hear.

' "A golden haze," ' he read. He read: ' "Afar off the
towers of Florence, while the bank on which she sat was
carpeted with violets. All unobserved, Antonio stole up
behind her – " '

Lest Cecil should see her face she turned to George, and
she saw his face.

He read: ' "There came from his lips no wordy pro-
testation such as formal lovers use. No eloquence was his,
nor did he suffer from the lack of it. He simply enfolded her
in his manly arms." '

There was a silence.

'This isn't the passage I wanted,' he informed them.
'There is another much funnier, further on.' He turned
over the leaves.

'Should we go in to tea?' said Lucy, whose voice re-
mained steady.

She led the way up the garden, Cecil following her,
George last. She thought a disaster was averted. But when
they entered the shrubbery it came. The book, as if it had
not worked mischief enough, had been forgotten, and Cecil

7

The Golden Bowl es un ejemplo palmario. En la novela todo "se cuenta" indirectamente, sin que se afirme nada de manera explícita, sólo mediante indicios, suposiciones, destellos. Nada es explícito, pero por Dios, ¡cuánto hay implícito! La película tenía que funcionar al contrario, y convertir lo que estaba tan implícito en la novela en escenas en las que la gente intentara explicar sus sumamente complicados sentimientos.

Por lo que se refiere a los diálogos, es muy difícil transformar el diálogo literario en su equivalente cinematográfico. Cuando el primero parece ser más coloquial, suele ser precisamente cuando es más literario; de hecho, el diálogo más expresivo en un libro es el literario, refleja el arte del novelista. Pero intenta poner ese diálogo directamente en labios de un actor y sonará poco natural, no parecerá arte sino artificio. Para que suene coloquial en el cine, el diálogo tiene que ser mucho más escueto que en la novela. Y nunca debemos olvidar que, además de las palabras en la página del guión, tenemos la gama entera de expresiones que ponen en pantalla el aspecto, los modales y la personalidad del actor que pronuncia esas palabras.

El cálculo de la cantidad de diálogo que es necesario escribir me ha causado muchos dolores de cabeza. En mi primer guión, **The Householder**, no sabía que se requerían muchas menos palabras que en una novela y escribí montones de diálogos, como si fuera para una novela. No tardé en descubrir que había que eliminar la mayor parte. Más tarde, intentando aprender, adopté el método contrario y escribía muy pocas palabras. Dos de nuestras primeras películas, **The Guru** y **Bombay Talkie**, sencillamente no tienen el diálogo suficiente. Los personajes no se comunican entre sí lo necesario, todo resulta muy

endeble. Con el paso de los años he desarrollado un método: primero escribo lo que quiero que digan mis personajes, luego lo condenso todo lo posible reduciéndolo a lo que necesitan decir. En eso radica el peligro de que en mi afán abrevie demasiado. Y me pasa con frecuencia, lo que implica que no le doy a los actores fases suficientes para llegar al estado emocional que tienen que alcanzar. En esos casos, tengo que volver atrás y ampliar los diálogos, incluyendo de nuevo esos pasos intermedios que había eliminado de una manera tan implacable.

Me aferro al guión todo el tiempo que puedo. Escribo muchos borradores y pienso en cosas nuevas que probar. Se lo paso al director, que, por fortuna en mi caso, siempre ha sido el mismo, así que sabe qué quiero decir y me fío de lo que hace. No tengo nada que ver con la elección de actores y casi nunca pienso en ningún actor o actriz concretos cuando escribo. No voy al plató, allí no tengo nada que hacer. A veces veo los copiones, sólo para comprobar si las cosas están saliendo como yo las había pensado (por lo general suelen ser distintas, pero está bien que así sea, se supone que están cobrando vida propia), y también para ver si podríamos prescindir de alguna escena y así ahorrar dinero.

Pero ha habido veces en las que no he visto nada hasta el copión montado. En esa fase me vuelvo a interesar mucho de nuevo. Entro en la sala de montaje y, con el director y el montador, juguetteo con lo que tenemos. Ésa es otra de las ventajas de trabajar siempre con el mismo director: ambos sabemos lo que pretende conseguir el otro y, por lo general, suele ser lo mismo. La película casi siempre es demasiado larga —no sé por qué no conseguimos aprender a darle el tiempo adecuado— así que tenemos que decidir dónde y cómo cortar. Hay dos criterios. Uno es que la historia debería avanzar del mejor modo posible (que suele ser también el más claro). El otro es eliminar escenas que no han quedado bien y conservar las que han salido

guionistas

                              CECIL
                    ...Let me light your candle,
                    shall I.

He does so, carefully and gently, and gives it to her.

His voice is breaking as he speaks again.

                              CECIL
                    I must actually thank you for what
                    you've done - for your courage in
                    doing it. I do admire you for it.
                    Will you shake hands?

                              LUCY
                    Of course I will, Cecil.

They solemnly shake hands and then go out into the hall.

                              LUCY
                    Goodnight, Cecil. I'm sorry
                    about it. Thank you very much
                    for taking it so well.

94.   NIGHT.   INTERIOR.   PASSAGE AND STAIRS.

      CECIL watches LUCY go upstairs, the shadows from the
      banisters passing over her face like the beat of wings.

95.   NIGHT.   EXTERIOR.   GARDEN.

      CECIL looks at Windy Corner as if he were saying goodbye.
      He wanders about. He sees a figure glimmering in the dark
      on the bench where he once proposed to LUCY. He
      approaches -

                              CECIL
                    (surprised) Miss Bartlett?

      He sits next to her.

                              CECIL
                    Aren't you going to bed?

                              CHARLOTTE
                    No, I like sitting here. I come
                    here quite often, after everyone's
                    asleep...Perhaps that surprises
                    you.

      CECIL supports his head between his hands.

                              CECIL
                    Lucy has broken off our engagement.

2

                                                    108

CHARLOTTE says nothing.

                              CECIL
                    ...If there were a reason - it
                    might be easier; even if there
                    were someone else -

                              CHARLOTTE
                    I hope you don't think that?

                              CECIL
                    Of course I don't. Of course
                    not, she didn't have to accuse
                    me of that.

A silence.

                              CECIL
                    Perhaps she is right, and I
                    can't love her as she should
                    be...loved; that I can't be
                    with anyone that way.

CHARLOTTE is looking up at the house which is quite dark
except for Lucy's window. LUCY's shadow can be seen
moving against it.

A silence. Perhaps they get up and walk about before he
starts up again.

                              CECIL
                    Perhaps I'm one of those who's
                    meant to live alone. Some of
                    us are...I think perhaps you are
                    too, Miss Bartlett.

                              CHARLOTTE
                    (after a pause) I dare say it
                    seems so now, but it wasn't always.
                    Not at all always. Certainly not
                    when I was Lucy's age...Look,
                    she's blown out her candle.

For the light in Lucy's window is extinguished, and
everything is dark.

TITLE CARD: LYING TO MR. BEEBEE, MRS. HONEYCHURCH, FREDDY
AND THE SERVANTS

96.   DAY.   INTERIOR.   BLOOMSBURY HOTEL BEDROOM-SITTING
      ROOM

      MISS CATHERINE ALAN is writing a letter to MR. BEEBEE,
      sitting at a little writing table in a Spartan room. We

3

4

A Jhabvala siempre le sorprende lo que descubre en la película acabada y le encanta que un actor añada algo especial de cosecha propia o que el director le dé un toque peculiar. "Por ejemplo, en **A Room with a View**, después de que Lucy le diga al mojigato Cecil (1, 4) que no va a casarse con él, escribí una escena de diálogo bastante aburrida entre Cecil y Charlotte (la pariente pobre de Lucy). Salió tan espantosa que afortunadamente la eliminaron. Todo lo que intentaba decir en el diálogo quedaba expresado cuando Cecil se sienta y se pone los zapatos con gesto triste. Yo no lo escribí y es maravilloso." (2-3) La escena en el guión definitivo.

guionistas

6

1

Cuando has adaptado una novela a la pantalla, lo único que cuenta es el guión, y conseguir que éste funcione es la única preocupación del escritor. Las escenas cambiarán de manera radical y se inventarán otras. En **The Remains of the Day**, Jhabvala creía que el ama de llaves debía tener vida propia, así que se inventó una serie de escenas para ella y su marido (1-2). En la novela de **Howards End** no hay escenas entre los amantes que expliquen el nacimiento de un bebé, de manera que Jhabvala las escribió (3-5). En **A Room with a View**, por su parte, la guionista incluyó la escena del signo de interrogación en el plato de George, que no aparece en la novela (6-8). Jhabvala utilizó este recurso para hacer alusión a las dudas que bullen en la mente de George.

7

2

8

3

4

5

mejor, aunque no sean tan necesarias para nuestros propósitos (la narración y el tema) como las primeras. Ahí se da un conflicto de intereses, pero al final creo que se deben acabar imponiendo las escenas concretas de calidad. Puede que sencillamente no queramos descartar algo bello o interesante, o un fragmento de interpretación espléndido, aunque sean tangenciales para el objetivo principal. Por otro lado, este propósito ha de sacrificarse si una escena ha salido mal. En **Howards End** una de las escenas cruciales es la de las dos hermanas hablando de su filosofía de la vida, que consiste en conectar los diferentes aspectos de lo humano. "¡Sólo conectar!" ¡ése es el lema y el tema del libro! Pero tuvimos que cortar esa escena en el punto donde lo dicen porque era aburrida, y una escena aburrida equivale a un desastre.

Siempre he considerado las sesiones que paso en la sala de montaje como una oportunidad más –la última– para mejorar el guión. Es mágico poderle dar la vuelta a las escenas, contrastarlas, establecer relaciones o contraponerlas entre ellas, incluso cambiar las interpretaciones eliminando trucos o estrategias que los actores hayan usado en exceso o sin demasiada fortuna. Es asombroso cómo puede funcionar la película aunque se eliminen ciertos pasos que antes habíamos creído esenciales para la historia. Por ejemplo, en **The Golden Bowl** teníamos una serie de escenas en las que los Verver deciden invitar a Charlotte a su casa, hasta que en la sala de montaje descubrimos que no las necesitábamos; resultaba mucho más dramático mostrar el automóvil con Charlotte dentro llegando a la puerta.

Para ser sincera, creo que he llegado al cine desde la dirección equivocada. Las películas nunca constituyeron mi interés primordial, que, desde el principio, fue literario. Los que se dedican al cine sienten pasión por él desde muy temprana edad. No sólo vieron películas que les impresionaron e influyeron profundamente, sino que

aprendieron sobre cámaras, iluminación y las cuestiones materiales y técnicas que, hasta el día de hoy, siguen siendo un misterio para mí. Me gusta escribir guiones, pero sé que no estoy haciendo más que entregar un proyecto a partir del que otros construirán. Por descontado, ese proyecto esbozado es esencial y tiene que definirse hasta el último detalle posible, pero no creo que posea el menor valor por sí solo. La lectura de guiones no me parece interesante, son textos que dan la impresión de que están esperando algo más, alguien que les insufle vida, como un compositor le da vida a un libreto. Ésa es una de las razones por las que no me gusta visitar el plató. No se trata sólo de que no tenga nada que hacer allí –que no lo tengo–, sino de que estorbo: físicamente, ya que tropiezo con los cables y los irritados miembros del equipo me quitan de en medio; y, más en serio, estorbo a los demás que están absortos en el trabajo creativo de dar vida al proyecto. Y, en ese proceso, no quiero que se preocupen lo más mínimo por mí, es decir, por el guión que he escrito. Quiero que se sientan tan libres con el guión como yo me he sentido con la novela original. Me encanta que los actores cambien el diálogo para que se ajuste mejor a sus cualidades, o le añadan cosas o se las quiten o lo reinterpreten, o lo que quieran que crean que les irá mejor. Quiero que se apropien de él mucho más de lo que yo podría hacerlo sobre la página, sabiendo que le infundirán vida a las palabras con sus propios talentos y sus diferentes personalidades.

Y lo mismo es aplicable al director, cuya concepción o perspectiva tiene que imponerse sobre las demás y transformar el guión. A menudo la localización elegida ofrece nuevos ángulos imprevistos: por ejemplo, en **The Golden Bowl** el padre recrimina a su errante yerno dentro de una enorme y ruidosa máquina de vapor que hace las veces de gigantesco signo de puntuación. Y en **Mr & Mrs Bridge** se dice mucho de la relación entre marido y esposa cuando, en el Louvre, él desliza con picardía la mirada sobre el costado de un desnudo, consciente a la vez, de que su

1

2

3

4

Jhabvala tiene una gran reputación como adaptadora de novelas clásicas, entre ellas *Lo que queda del día* (1) de Kazuo Ishiguro, *Las bostonianas* (2) y *La copa dorada* (3) de Henry James. (4) Ismail Merchant (izquierda), Jhabvala y James Ivory (derecha), que constituyen el equipo Merchant Ivory, en localizaciones de **The Bostonians**.

esposa lo observa con inocencia. De modo que mientras todos trabajan en el plató, lo que hacen es transformar el guión, trascenderlo. Pero el guión tiene que ser lo bastante fuerte para soportar ese tratamiento, la estructura básica tiene que mantenerse tan sólida y fuerte como los cimientos y el armazón de un edificio, y las escenas concretas tienen que rebosar contenido para poder extraer cada gota de significado.

He disfrutado mucho de mi trabajo en el cine y lo considero un gran privilegio que le debo a Merchant Ivory. Sin embargo, creo que si no hubiera podido seguir escribiendo ficción al mismo tiempo en cierto modo me habría sentido frustrada, porque el guión de una película es algo inacabado, a la espera de que le dé existencia un director y un equipo entero de artistas y técnicos. Si hubiera buscado el mismo tipo de satisfacción creativa que he encontrado al escribir ficción, habría tenido que dirigir los guiones que he escrito. Pero sé que carezco de la menor chispa del talento o el interés necesario para eso, por no mencionar de la pasión de los cineastas natos, dedicados en cuerpo y alma al cine, del mismo modo que yo me considero una novelista nata y dedicada en cuerpo y alma a mi trabajo.

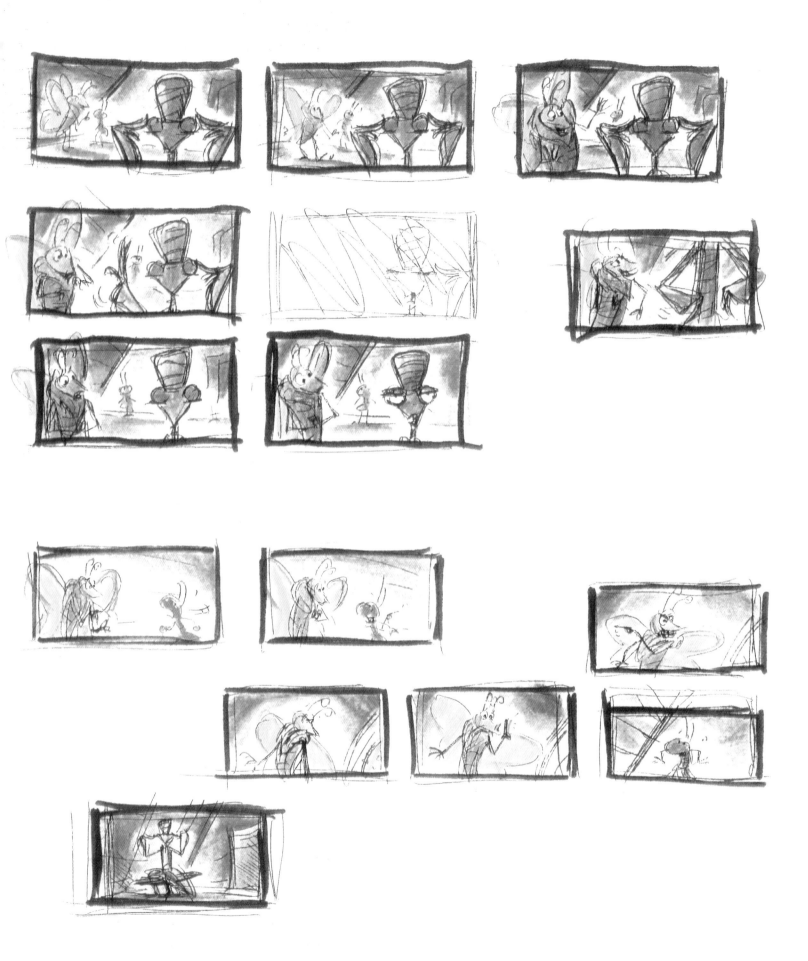

biografía

Nacido en 1965 en Rockport, Massachusetts, al joven Andrew Stanton le divertía rodar breves cortos con una cámara de Super-8. Durante los veranos, trabajaba de acomodador en un cine de arte y ensayo que regentaba un productor de Hollywood jubilado en Rockport, donde vio muchas veces películas extranjeras como **Diva*** (Jean-Jacques Beineix, 1981), **Gallipoli*** (Peter Weir, 1981) y **El Norte** (Gregory Nava, 1983). Aunque lo que más le

andrew stanton

interesaba era actuar, su talento para el dibujo le llevó a la animación, especialidad que estudió en el Institute of the Arts de California (fundado, entre otros, por Walt Disney). Mientras estudiaba, Stanton realizó cortos animados, algunos de los cuales se proyectaron en festivales. Durante la década de 1980, en uno de estos certámenes conoció a John Lasseter, el presidente de Pixar, una compañía de San Francisco que se estaba haciendo una reputación con los cortometrajes de animación. Tras la facultad, Stanton trabajó como artista en una gran productora de animación de Los Ángeles antes de recibir una oferta para colaborar con Lasseter en anuncios publicitarios. Al principio, Stanton trabajó como animador, pero dado que Pixar era una empresa pequeña acabó participando en todas las fases del proceso de producción, incluida la escritura. Dos años y medio después, Disney propuso a Lasseter hacer un largometraje. Éste aceptó llevándose consigo a la mayor parte de su equipo, incluido Stanton, que escribió **Toy Story*** (1995), **A Bug's Life** (1998, *Bichos*), **Toy Story 2*** (1999) y **Monsters, Inc.** (2002, *Monstruos, S.A.*).

entrevista

Si no sintiera un deseo insaciable de contemplar un mundo distinto poblado de personajes vivos que exista de manera independiente en una pantalla de cine, creo que no escribiría más que cheques. La simple idea de ponerme a escribir me hace gemir de angustia. Pensar que tengo que dibujar, animar, hacer un *storyboard* o solucionar cualquier otro tipo de problema me agota. Pese a ello he dedicado la mayor parte de mis horas de vigilia de los últimos quince años a hacer precisamente eso. Pero, como me fascina el resultado de la combinación de todas esas fases, adoro las películas; me encanta observarlas, analizarlas. Y, por encima de todo, me encanta hacerlas.

Cuando empecé a trabajar en Pixar no era guionista, pero sí sabía muy bien lo que me gustaría ver en la pantalla, y eso significa haber recorrido la mitad del camino de la escritura de guiones. En esa época, los largometrajes de animación no me inspiraban nada. Ninguno de ellos podía compararse a una gran película normal. La animación tal vez pueda ser única como medio visual, pero desde el punto de vista de la narración de historias no quiero que se me juzgue de manera distinta a las demás películas. Quiero que nuestras películas se comparen con las mejores.

Mi generación, del Watergate en adelante, es cínica. No nos fiamos de muchas instituciones y tampoco de demasiada gente. Tendemos a pensar que hay una agenda oculta detrás de todo. Los personajes de las películas de animación de las décadas de 1980 y principios de 1990 no reflejaban esta actitud sombría; cuando empecé a escribir guiones, deseaba tratar de esa actitud. No es que quisiera que mis personajes fueran cínicos, porque soy tan romántico, apasionado y optimista como pueda serlo cualquier otro narrador. Pero deseo vehementemente que el público entienda a los personajes de mi historia; sólo si se establece esa conexión, el público se sentirá inspirado por el optimismo romántico que pueda destilar un guión.

Cuando escribo, busco ese momento que posea tal resonancia emocional que sostenga por sí solo toda la película. Ese momento debe ser algo "comprensible" universalmente. Debe interesarte tanto que quieras permanecer sentado durante toda la película para ver qué sucede. En **Toy Story** era la imagen del viejo juguete favorito [Woody] del niño, al que quitan de su sitio sobre la cama para poner a un nuevo juguete moderno [Buzz] en su lugar. En **A Bug's Life** es cuando Flik echa a perder la cosecha y pone a toda su familia en peligro. Estos sucesos pueden poner el mundo de un personaje patas arriba. Pueden ocurrírsete mil y un momentos como ésos, pero resulta difícil encontrar el que sea universalmente comprensible. Realizamos películas familiares que va a ver todo el mundo; de manera que estamos obligados a hacerlas comprensibles tanto para un niño de 5 años como para los ejecutivos de los estudios, lo que no es un mal planteamiento. No se trata de que bajes el nivel, sino de que te comuniques con tanta claridad a un nivel emocional, y no sólo en la trama, que afecte a todas las personas, incluso a un niño que todavía no tiene experiencia de la vida. Quieres escribir ese momento que tocará la "fibra primitiva" que ya está en el niño, y sigue en nosotros. Quieres dar unos golpecitos en esos celos, ese miedo, esa avaricia o lo que sea. Tiene que

tratarse de algo que encaje en la trama, y también que tenga graves consecuencias para la misma.

Eso no significa que escriba para niños. A los niños les gusta todo. Todavía no tienen formado el gusto, deben aprenderlo. Si les das comida basura, la comerán. Quiero darles historias tan magníficas como las que encuentro en mis películas favoritas. Lo que debo tener en cuenta al escribir para ellos es que no debo excluirlos ofendiéndoles, presentando una moral dudosa o escribiendo algo que no vayan a entender y hará que se pierdan por completo la historia. Los niños se pasan el día entero oyendo hablar a los adultos sobre cosas que no entienden, pero captan el sentido por el tono de voz y las reacciones. Utilizan las mismas habilidades cuando ven una película. Puede que no entiendan lo que dice un personaje pero si, por ejemplo, le ven dar un puñetazo de frustración a una pared, captarán el sentido emocional y podrán seguir lo que está sucediendo. No subestimemos a los niños.

Trabajo de un modo distinto a otros guionistas porque en Pixar formo parte de un grupo. Cuando tenemos la semilla de una idea y necesitamos exponerla, me encierro en una habitación y trabajo solo, como cualquier otro escritor. Pero puedo darme el lujo de salir de la sala y reunirme con ese grupo de personas a quienes confío mi vida creativa, lanzarles las ideas y escuchar sus reacciones para mejorar el guión. Si tuviera que escribir un drama serio o una obra muy intensa que, en última instancia, fuera a ser deprimente o terrorífica, comprendería muy bien la necesidad de escribir a solas, algo que te permitiría estar concentrado y ser más introspectivo. Sin embargo, en nuestros guiones intentamos captar y reflejar lo maravilloso, lo divertido, la comedia, y eso necesita energía, vida y espontaneidad. Tener gente alrededor refuerza y mantiene esa energía. En nuestro negocio, resulta especialmente importante, porque lo que más perjudica a la animación es que se requieren años para hacer una película.

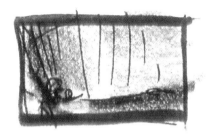

1

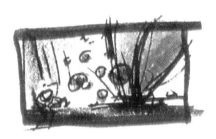

2

3

4

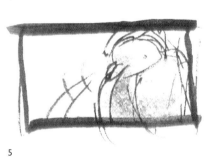

5

6

Francis and Dot fall into a crevice.

INT. CREVICE

It's a steep fall to the bottom. The sparrow lands
above, causing tons of debris to rain down on them. A
LARGE ROCK crashes onto Francis' leg, while a second
knocks him unconscious.

EXT. EDGE OF ANT ISLAND

The Council members strain to see what's going on.

                    QUEEN/COUNCIL/ATTA
            I can't see...Somebody do
            something!...Are they alright?...Can
            anyone see?...Are they alive?...I can't
            see!...What is happening?!

Atta spies a dew drop on a nearby blade of grass.

EXT. BASE OF ANT ISLAND

Flik and the rest of the circus bugs scramble behind a
boulder.

                    DOT (O.S.)
            Fliiik!

                    FLIK
            Dot?

They peer back at the dry riverbed. See the bird pecking
furiously at the ground. Dot SCREAMS again.

                    MANNY
            Good heavens! They're in trouble!

                    SLIM
            Francis! Francis! Francis! Francis!...

                    FLIK
            Oh! Oh! You guys! I've got an idea!

EXT. EDGE OF ANT ISLAND

Atta pushes past the council, peering through the DEW-
DROP TELESCOPE she's just made.

7

8

9

Cuando desarrolla una historia para una película, Andrew Stanton dibuja
esbozos en miniatura, como los de esta escena de **A Bug's Life** (1-7).
(8) Stanton en el cine de arte y ensayo de Rockport (9) donde trabajó
de joven.

Empiezo escribiendo un tratamiento de unas treinta·páginas. Luego redacto un borrador del guión, pero no consideramos el grabarlo en piedra; no es más que un trampolín para hacer el guión visual. Antes de empezar a escribir guiones, ya había hecho cortos de animación. Los escribía mediante dibujos o *storyboards*. No había guión escrito. Iba directamente a la última imagen y veía qué me pedían los personajes. Hoy sí escribo guiones, pero a menudo llego a un punto en el que pienso que funcionan y quiero ir probándolos sobre la marcha. Entonces empiezo a esquematizarlos, es decir, a dibujar diminutas viñetas de *storyboard* de la escena. En este proceso suelo encontrar imágenes espléndidas que surgen de lo que parecía una frase descartable en el guión. Este paso a dibujos pequeños es el equivalente en mi caso a una lectura con

actores. Con frecuencia, resulta fascinante ver lo mucho que puedes comunicar sin palabras.

En cuanto he escrito algo, lo paso al departamento de *storyboard*, que empieza a dibujar representaciones visuales (o "tableros") de mi guión. Cuando me parece que esas representaciones visuales son lo bastante buenas, se graban en vídeo y se montan para pasarlas como una película. A continuación, vemos esa versión en *storyboard* del guión. Todo esto se debe a razones económicas, porque resulta demasiado caro animar y rodar los planos para acabar diciendo que no nos sirven. Es mucho más barato (y se tardan minutos en lugar de días) volver a dibujar algo. Ver los *storyboards* en pantalla, como una película, forma parte del proceso de escritura. El texto sobre la

(1) Flik de **A Bug's Life**. "Pensábamos que teníamos que crear un gran arco dramático para el personaje de Flik, que se transformaría a lo largo de la película. Pero a medida que lo escribía, me di cuenta de que necesitaba otra dinámica. El personaje principal no cambiaba, más bien era él el que transformaba el mundo de los demás personajes de la historia."

página no es más que una fase de la escritura, aunque siempre se acaba volviendo a ese texto. Es como un diagrama de flujo que avanza desde la escritura del guión al dibujo del *storyboard* y de ahí a la imagen en pantalla, punto en el que, si se comprueba que no funciona, se regresa a la escritura, al *storyboard* y una vez más a la pantalla. Dependiendo de lo cerca que esté la fecha de entrega o de qué problema nos encontremos, podemos volver sólo al *storyboard*, pero para mí trabajar sobre éste no es más que una forma de escritura o reescritura. Todas nuestras películas se hacen mediante sucesivas reescrituras. Algunos piensan que reescribir es espantoso, pero creo que todos los guionistas reescriben en privado hasta que deciden que han reescrito bastante. La diferencia en mi caso es que invito a los departamentos de *storyboard* y

editorial a entrar en el despacho del guionista durante esas primeras reescrituras desagradables que el escritor suele ocultar a todo el mundo. Si me sentara solo a perfeccionar mi material, sin dejar que nadie lo toque, ese proceso se haría trizas. Se trata de un trabajo en colaboración. El grupo siempre está ahí, a lo largo de todo el proceso, para aportar ideas. Pero el guión también se asfixiaría si el grupo se inmiscuyera en cada fase de la escritura, porque acabaría condenado al fracaso, pero milagrosamente hemos encontrado esta manera espléndida de equilibrar el trabajo en equipo. Un guión debe tener su ritmo, como una pieza musical. Una vez has dado con él, lo que quieres es que avance. Cuando entras en la fase de escritura, te esfuerzas todo lo posible para ver hasta qué punto lo puedes hacer interesante.

```
                        SLIM
            No, it's because I'm a PROP! You
            always cast me as the broom, the
            pole, the stick, a SPLINTER --

                        P.T
            You're a walkingstick!  It's funny!
            NOW GO!!

                        SLIM
                (walking out)
            You parasite.

Slim marches away, defiantly strapping a flower to his head.
The bug band strikes up a LYRICAL MELODY.

Two fireflies sit in the rafters above.  One shines his light
on the band.  He nudges his sleeping companion, who groggily
casts his light on the center ring.  The light falls on Slim
and Francis, dressed as a pair of flowers.

                        SLIM (CONT'D)
            Tra-la-la-la-la!  Spring is in the
            air, and I am a flower -- with
            nothing interesting to say.

                        FRANCIS
                (looking backstage)
            Aaaah!

                        SLIM
            A bee!

                        FRANCIS
            Aaaah!

Heimlich, crudely dressed as a bee, inches out after the
other clowns.

                        HEIMLICH
            I am a cute little bumblebee!  Here
            I come.  (PANT) Slow down, you
            flowers!

The trio run past the stands where a small fly child is
holding onto a large candy corn.  Heimlich stops chasing the
other clowns and approaches the fly.

                        HEIMLICH (CONT'D)
            Oh!!  Candy corn!

Heimlichs'stomach GRUMBLES at the sight of food.

                        HEIMLICH (CONT'D)
                (continued)
            Here, let me help you to finish it!
```

(1-20) "En **A Bug's Life**, para ser realistas, la *troupe* del circo tenía que estar formada por una gran cantidad de personajes. Tuve que decidir cuáles eran los más 'flojos' y darles menos frases. Al escribir para muchos personajes a veces me siento como una madre de familia numerosa: atareado cambiando pañales de un personaje para darme cuenta de que me he olvidado por completo de otro al que no he dado la porción de tiempo que le corresponde en la película. Te has olvidado de que existen. Cuantos más personajes tienes, más cuidado debes poner para dedicarle a cada uno cierto tiempo de pantalla." (3-20) Esbozos que ayudaron a Stanton a desarrollar una escena (1-2) en la que aparece la *troupe* de circo de **A Bug's Life**.

```
The fly boy defends his candy.

Francis, the ladybug, parades around the ring.  A PAIR OF
HECKLER FLIES ogle the ladybug.

                        HECKLER FLY #1
            Hey, cutie!  Wanna pollinate with a
            real bug?

The FLY elbows his buddy.  THEY BOTH LAUGH.

Francis daintily flies over to the Hecklers, smiling
demurely.

                        HECKLER FLY #1
            Ohhh, yeah!  Come to Poppa!

Francis reaches the flies, leans into Fly #1's face... and
explodes.

                        FRANCIS
                (losing it)
            So being a ladybug automatically
            makes me a girl?!  Is that it,
            flyboy?!  Huh?!

                        HECKLER FLY #2
            Yikes!  She's a guy!

Slim and Heimlich suddenly notice what's going on.

                        HEIMLICH
            Francis, leave them alone!  They
            have poo-poo hands!

                        P.T. FLEA
            Not again.

P.T. pops backstage.

                        FRANCIS
            Judging by your breath, you musta
            'been buzzin'around a dung heap all
            day!

Slim and Heimlich are trying to pull Francis out of the
stands.

                        SLIM
            Come on, Francis.  You're making
            the maggots cry.

A MOTHER FLY sits one row up, holding TWO CRYING BABIES.
```

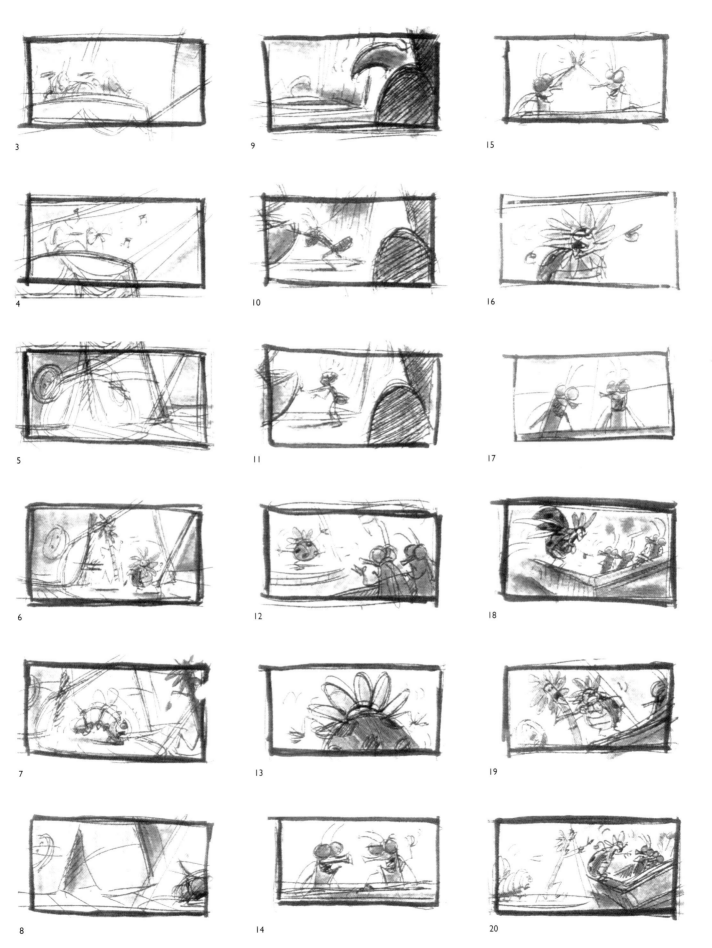

3

4

5

6

7

8

9

10

11

12

13

14

15

16

17

18

19

20

EXT. SID'S HOUSE - LATER THAT NIGHT

THUNDER RUMBLES as rain pours down outside the spooky dwelling.

INT. SID'S ROOM

Sid is in bed fast asleep.

Woody struggle to move his milk crate jail, but with the weight of the toolbox on top it won't budge.

Woody looks across the desktop at Buzz sitting dejectedly with the rocket strapped to his back.

     WOODY
   Ps-s-s-s-t! Psst! Hey, Buzz!

No reaction from Buzz.

Woody picks up a stray washer from the desktop and flings it at Buzz, striking his helmet.

Buzz lifts his head and turns lifelessly to look at Woody.

     WOODY (CONT'D)
   Hey! Get over here and see if you
   can get this tool box off me.

Buzz just looks away from Woody and bows his head.

     WOODY (CONT'D)
   Oh, come on, Buzz. I... Buzz, I
   can't do this without you. I need
   your help.

     BUZZ
   I can't help. I can't help anyone.

     WOODY
   Why, sure you can, Buzz. You can
   get me out of here and then I'll
   get that rocket off you, and we'll
   make a break for Andy's house.

     BUZZ
   Andy's house. Sid's house. What's
   the difference.

     WOODY
   Oh, Buzz, you've had a big fall.
   You must not be thinking clearly.

     BUZZ
   No, Woody, for the first time I am
   thinking clearly.
    (looking at himself)

2

     BUZZ
   You were right all along. I'm not
   a Space Ranger. I'm just a toy. A
   stupid little insignificant toy.

     WOODY
   Whoa, hey -- wait a minute. Being
   a toy is a lot better than being a
   Space Ranger.

     BUZZ
   Yeah, right.

     WOODY
   No, it is. Look, over in that
   house is a kid who thinks you are
   the greatest, and it's not because
   you're a Space Ranger, pal, it's
   because you're a TOY! You are HIS
   toy.

     BUZZ
   But why would Andy want me?

     WOODY
   Why would Andy want you?! Look at
   you! You're a Buzz Lightyear. Any
   other toy would give up his moving
   parts just to be you. You've got
   wings, you glow in the dark, you
   talk, your helmet does that -- that
   whoosh thing -- you are a COOL toy.

Woody pauses and looks at himself.

     WOODY (CONT'D)
    (continued; depressed)
   As a matter of fact you're too
   cool. I mean -- I mean what chance
   does a toy like me have against a
   Buzz Lightyear action figure? All
   I can do is...

Woody pulls his own pull-string.

     WOODY (VOICE BOX) (CONT'D)
   There's a snake in my boots!

Woody bows his head.

     WOODY (CONT'D)
   Why would Andy ever want to play
   with me, when he's got you?
    (pause)
   I'm the one that should be strapped
   to that rocket.

3

Woody slumps dejectedly against the crate, his back to Buzz.

Buzz lifts up his foot.

ANGLE: THE SOLE OF BUZZ'S FOOT

The signature "ANDY" reads through the dirt and scuff marks.

Buzz gazes back at Woody. A look of determination spreads across his face.

     WOODY
   Listen, Buzz, forget about me. You
   should get out of here while you
   can.

Silence.

Woody turns around.

Buzz is gone.

Suddenly, the entire milk crate begins to shake. Woody looks up to see...

     BUZZ
   He is on top of the milk crate,
   trying to push the tool box off.

     WOODY
   Buzz!! What are you doing? I
   thought you were --

     BUZZ
   Come on, Sheriff. There's a kid
   over in that house who needs us.
   Now let's get you out of this
   thing.

     WOODY
   Yes Sir!

Together, Buzz and Woody push the milk crate and get it to move, but it's slow progress.

     WOODY (CONT'D)
    (strained)
   Come on, Buzz! We can do it!

4

(2-4) Escena de **Toy Story** que desarrolla la relación entre Buzz y Woody (1).

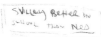

Panel 1

October 2, 1998
(A day that will live in infamy.)

Okay Everyone,

I didn't have as much time as I'd like to flesh out every moment; therefore, please forgive the occasional lengthy bland narrative. Unfortunately it doesn't read consistently like a treatment. Sorry, it was getting late. I decided to leave in certain annotations I make for myself when I write (**they're in bold**). I felt they would make some of my intentions for things a little clearer. Lastly, the Monster World can so easily become complicated and illogical that I made a list of rules for myself on how things run (society, scaring, etc...) Many of these details may never have to be addressed in the movie, but I wanted to have it all figured out, just in case. For your reading entertainment, I have included them.

Enjoy,

Andrew

1

Panel 2

the back of the photo is the apartment number (or building address) of her friends. **This could be what Mike uses to get help in Act 3.**

As the two monsters attempt to communicate with Boo, we cut to her POV. The monsters voices sound deep, gurgled, and unintelligible. Boo is unable to understand them.

The monsters on the other hand, have all taken their proper language courses (at least Sullivan), and she doesn't seem to be speaking any language they've heard of.

The little girl keeps pointing at Mike an saying the words "Oo! Wee leppy karn!"

Show that Boo is very adversarial here. At her meanest, most like a ferocious little animal.

•Next Morning.

Mike returns with picnic basket and borrowed car (**who did he borrow it from?**).

While Mike was gone, Sullivan has bonded a bit with the girl. Turns out that Sullivan is natural with children. He's figured out what she likes to eat. Taken her potty (after one unfortunate accident) and has even given her a name: "Boo". Seems that whenever he tries to scare her, yelling the word "Boo!", the girl just laughs and laughs.

Sullivan has found an opening with Boo, but it is not consistent. **She should still be unpredictable.** Just when they think they've tamed her, she bites back.

•Plan "A" - "Ditch Her".

While driving to the outskirts of town (**the woods?**), Sullivan is having second thoughts about how they plan to get rid of Boo. Mike is unmoved: "Do you want to be banished?" "Of course not." "Do want to ever get a chance to scare, Mr. I was born to scare?" "Yes." "Then we ditch her."

•Try To Ditch Boo.

**What do Mike and Sullivan do that distracts Boo, allowing them to run to the car and drive away.

Keep Boo disagreeable, bordering on unlikable, but right when

MI Treatment (9/98)   Pg.6

2

Panel 3

it's time to drive off she gets cute on them. (**How?**)

The two monsters drive some distance before Mike finally gives under the pressure from Sullivan to turn around.

Show that Boo is pretty stubborn. She won't let either of the monsters touch her. Very independent. Unwilling to accept that she needs help in doing anything. Still she's just so damn cute. Instill image of her not willing to take Sullivan's hand back into the car. Will do it herself.

•Out Of Gas.

When the car doesn't start, Mike blames Sullivan making them turn around, using up the gas.

Boo's giggles and laughs get them back.

Overlap Dialogue to go to...

•Disguise Boo.

... their apartment where Sullivan is rummaging through the closet for material to disguise Boo as a monster. They discuss "Plan B": disguise Boo as a monster, bring her to MI, have Mike request her door, and send Boo back home. Mike and Sullivan argue over how Boo's disguise should look, both unconsciously wanting her to resemble themselves. While busy arguing, Boo has made her own disguise and manages to scare both Mike and Sullivan. Guess it will do.

Again Boo is a little more relaxed, but still volatile.

•Plan "B" - Get the door.

Sullivan goes to Linguist department.

Henry Higgins type monster.

*Set up Ireland Solution here somehow.

*What is Sullivan's excuse for bringing an non-English speaking child monster to the MI language department?

Mike looks up door number in register. Simultaneously, S & M discover that Boo is from Ireland. Dingle County exactly. This explains her thick Gaelic inflected Irish accent.

Mike Tries to get Door. Showing the golden rod colored receipt that Sullivan kept. Clerk justs laughs at Mike, "Who died and made you boss?" Sorry. Assigned to Ned. Only Ned, or if sick, his understudy, can get door.

Mike is about to leave when he turns to ask where the door is

MI Treatment (9/98)   Pg.7

3

Panel 4

from. - cut to "Ireland?!" Or. Sullivan wrote the number down and checks it against the big globe. Each door has an exact longitude and latitude.

Boo gets away from Sullivan and into the Shredder. **Maybe things were going really well with the two until Sullivan DID WHAT?**

•Rescue Boo.

Sullivan gets Boo just in time, but cameras detects Boo. Her disguise is eaten by the shredder, but Boo manages to escape it. Cameras detect her presence and the "child infestation" alarm goes off. Boo might even be mad at Sullivan. Maybe she wanted something from the shredder. A little dollie or something attractive. She had no idea she was about to be shredded. All she knows is that Sullivan grabbed her before she could get the dollie. (backpack?) Maybe Sullivan was holding on to it OR when he looks away for a second, he turns back to see only her backpack. **She took it off so she could fit through some vent or opening to get to dollie.**

•Lockdown!

Sullivan and Boo get out in time, but Mike is caught in lock down. Karen Silkwood moment. Meet in the parking lot. Mike is all puffy and funny looking. Again, Boo points laughs while saying "wee leppy karn." Sullivan realizes that she's been calling Mike a leprauchan and can't help but laugh himself. Mike is not amused. Sullivan, "Did you get the door?" Mike: "No." Sullivan: "Then what are we gonna do?" Mike smirks, "Ned is going to be out sick Monday."

When we're out in the parking lot, Boo is berating Sullivan still denying her the dollie. Sullivan is trying to keep her quiet. When they see Mike, they both crack up (bond moment).

•Plan "C" - Get Ned Sick

Remembering that Ned hates bananas, the trio shadow Ned all weekend and attempt to slip a banana into his diet. Time after time they try, but always failing. **Use Boo directly because he doesn't recognize her?** Finally they throw away their last banana in frustration. Ned slips on the peel, down a flight of stairs,

MI Treatment (9/98)   Pg.8

4

(1-4) "Extractos de un primer esbozo de **Monsters, Inc**. El texto en negrita muestra los cambios introducidos en el borrador anterior e indica problemas de trama y personaje que había que resolver."

Cuando has pasado el guión a una versión de borrador en *storyboards* (bobinas) y lo ves como una película, buscas los momentos carentes de ritmo en los que te entran ganas de ir a comprar palomitas. En el instante en que algo parece alargarse demasiado, en el momento en que te deja de interesar, en el instante en que no quieres seguir pasando las páginas, nos detenemos, analizamos y nos preguntamos: "¿Por qué ha pasado?". Nueve de cada diez veces, el problema no está en el punto exacto donde has dejado de interesarte, se encuentra un poco antes, en algo que te no has planteado correctamente, en una información que no has dado o en una emoción que has supuesto que sentiría el público. Gran parte de la reescritura se dedica a llenar ese vacío fundamental.

Hay guionistas que dicen: "No escribo películas para nadie más que para mí mismo". Eso sólo sirve si escribes para la parte de ti mismo que sale de trabajar y quiere que la entretengan. Es cierto que yo sólo puedo escribir una película que me guste, pero desde luego no quiero escribir una película que me guste a mí solo; lo que me propongo siempre es escribirla para alguien a quien le guste ir al cine, y para mí eso no es egoísta, es muy desinteresado. La gente tiene una vida muy ocupada y su tiempo es precioso. Si va a ver una película que he escrito, quiero que piense que mereció la pena. Sé lo agradecido que me siento cuando me han transportado a algún otro sitio durante 2 horas. Aguantas hasta el final seis mil películas que aborreces con la esperanza de encontrar otra que sepa llevarte lejos. En la vertiente económica de este trabajo, estamos en el negocio de escribir películas que sean grandes éxitos de taquilla. Eso no significa necesariamente que la historia tenga que ser de un tipo concreto. Significa que debería atraer e implicar al público.

Cuando empecé a escribir, pensaba que la expresión "todo está en el final" significaba que debías acabar con un gran espectáculo, como una persecución de autos; pero en realidad se refiere al desenlace emocional, cuando todas las subidas y bajadas, los giros y cambios de la historia adquieren sentido en la conclusión. Me di cuenta de que cualquier cosa puede sugerir una película, pero la inspiración para realizarla debería proceder idealmente de una idea para un final.

Descubrimos el final para **Toy Story** por accidente. Pensábamos que era nuestro principio: ¿qué pasaría si se abandonara un juguete dejándolo en un área de descanso de una carretera? ¿Qué efecto tendría esa idea? ¿Cómo te sentirías de niño al saber que ese juguete te ha buscado con la misma desesperación que la tuya? Esta sencilla escena enseguida despertó sentimientos intensos en todos nosotros. Era universalmente comprensible. Sin embargo, esa idea acabó convirtiéndose en nuestro final y no en nuestro principio. Buzz y Woody se pierden físicamente en la película y se pasan todo el metraje intentando volver a casa, pero la aspiración emocional de "volver al hogar" no se consolidaba ni se realizaba de verdad hasta el final. Todo en el clímax trataba de esa sencilla idea del área de descanso de la carretera: mi familia se va y si pierdo ese automóvil los perderé para siempre. Estoy tan desesperado por alcanzarlos que haré cualquier cosa por volver a casa. Añádase a eso la voluntad de sacrificarse uno mismo para que tu amigo vuelva a casa en tu lugar, y ya tienes un material muy potente.

La película termina con Buzz y Woody persiguiendo una furgoneta en marcha para volver a casa. Tienen que subirse a esa furgoneta, pero se les acaban las pilas y parece que no van a conseguirlo. En el guión, Woody tiene una cerilla que utiliza para encender un cohete; ese cohete les saca del apuro impulsándolos hacia la furgoneta. Miramos la escena y nos dimos cuenta de que el público que asiste al cine, buen conocedor de cómo funcionan las películas, identificará esa cerilla y sabrá al instante que vamos a utilizarla para salvar a nuestros héroes. En ese momento, la

I

película estaba casi acabada, pero pensamos: ¿y si enciende la cerilla tal como habíamos previsto, pero la pisa un auto y la apaga? Y todos dijimos: "¡Es genial! ¡Están jodidos!". Nos encantaba el efecto que produciría en los espectadores, aunque no teníamos ni idea de cómo sacar a nuestros héroes del apuro; pero es por esos momentos por lo que vamos al cine, así que resolvimos encontrar el modo de deshacer ese nudo de la historia. Revisamos una parte anterior de la película y descubrimos un fragmento en el que Sid hace un pequeño agujero en la cabeza de Woody quemándosela con una lupa y nos dimos cuenta de que ese

efecto de la lupa podría utilizarse también para encender la llama. Woody recordaría el incidente y usaría la lupa. Justo cuando estábamos montando este nuevo final, un técnico nos informó de que el casco de plástico de Buzz jamás podría amplificar la temperatura de los rayos solares de ese modo, pero sabíamos que no importaba. A esas alturas, los espectadores estarían tan encantados de que hubieras apagado la cerilla y les hubieras proporcionado un momento tan espléndido que lo pasarían por alto. Asumimos el riesgo y funcionó. Ese momento se escribió siguiendo los dictados y emociones de la parte de ti que ama ir al cine.

(1) "**Monsters, Inc.** trataba de un mundo completamente inventado. Los artistas crearon un universo visual fantástico, pero lo difícil era dar a ese mundo sus propias normas. En otra historia, el método que seguimos habría significado preocuparse por el glaseado antes de hacer el pastel. Pero en una película fantástica como **Monsters, Inc.** era fundamental conocer el escenario de la acción antes de dejar que tus personajes corrieran por él. El público aceptará cualquier norma, por más extraña que sea. Un cuento de los Grimm puede empezar así: 'Había una salchicha, un ratón y un pájaro que vivían juntos en una casa', y, asombrosamente, aceptas que las salchichas, los pájaros y los ratones puedan vivir juntos, pero el narrador debe ser coherente con esa norma. Una de las mayores debilidades de las películas fantásticas se da cuando los problemas se resuelven recurriendo por las buenas a la magia, sin ninguna explicación. Si puede suceder cualquier cosa, ¿por qué se va a preocupar el público?".

Krzysztof Piesiewicz nació en 1945 en una Varsovia que acababa de ser arrasada por los alemanes. La destrucción en Polonia fue la represalia por el levantamiento de Varsovia contra los nazis, una sublevación en la que había luchado el padre de Piesiewicz. De bebé, Piesiewicz respiró el aire cargado de polvo de los escombros resultantes de la destrucción y, como consecuencia, además de otras, sufrió la denominada "enfermedad de las ruinas".

krzysztof piesiewicz

A los 25 años se licenció en la Facultad de Derecho de la Universidad de Varsovia. Tras la declaración de la Ley Marcial en diciembre de 1981, trabajó como asesor legal del sindicato *Solidarnosk* en numerosos juicios políticos. Cuando el sacerdote partidario del sindicato Jerzy Popieluszko fue asesinado por policías, Piesiewicz asumió las funciones de ayudante del fiscal en el juicio contra los asesinos. En el año 1982, conoció al cineasta Krzysztof Kieslowski, que intentaba realizar un documental sobre los juicios políticos. Piesiewicz escribió dieciocho guiones para Kieslowski, entre ellos **Dekalog** (1988, *Decálogo*), **La double vie de Véronique** (1991, *La doble vida de Verónica*) y la trilogía de **Trois couleurs** (1993-94, *Tres colores*). Poco antes de la muerte de Kieslowski habían escrito un breve relato que se tituló "Heaven", y que era la base de la primera parte de otra trilogía denominada **Heaven** (Tom Tykwer, 2002), "Hell" y "Purgatory". Krzysztof Piesiewicz acabó esos guiones y sigue escribiendo en el tiempo que le dejan sus responsabilidades en el Senado polaco, donde ha representado a Varsovia desde el establecimiento de la democracia en el año 1989.

entrevista

La mayoría de los guiones modernos parece versar sobre algo que el guionista ha visto en un periódico o en la televisión. Cada día aparecen docenas de ese tipo de historias que se pueden utilizar; pero ésa no es razón para que se inviertan las ingentes cantidades de tiempo, esfuerzos y dinero que se necesitan para llevarlas a la pantalla. Si quiero explorar un tema, la soledad, por ejemplo, no recurriré a una anécdota relevante publicada en un periódico y la desarrollaré en un guión. En vez de eso, buscaré a los protagonistas que mejor expresen mi idea. No sé cómo elijo esos personajes, tal vez sólo por intuición. Pueden ser jóvenes o viejos, hombres o mujeres, pero cuando los he encontrado, conviviré y pasaré mucho tiempo con ellos. Sólo después puedo saber qué harán. Cuando escribo un guión nunca sé de antemano ni preveo qué les pasará a mis personajes. Más bien, voy escribiendo escena tras escena, como si yo mismo viviera pasar su vida. Sólo así será creíble.

Cuando era un joven abogado, el delito siempre me parecía menos interesante que el motivo por el que lo cometía una persona. Mi profesor en la facultad de Derecho nos enseñó que un buen abogado debe imaginarse la situación en la que se encuentra el delincuente. Un buen juez debe ponerse en la piel del ladrón, sentir las pasiones y emociones que éste sintió. Y el escritor debe hacer lo mismo con sus personajes.

Cuando era niño, en Polonia era la época de las mentiras oficiales. La historia del país se había cambiado en los libros escolares, así que tuve que aprenderla de los que teníamos en casa. Había censura, pero al menos todos eran conscientes de que estaba ahí. Las películas se filmaban y los libros se escribían según las normas del censor, pero la mayoría de los artistas buscaba maneras de sortear la censura con medios sutiles. Este choque entre censura y rebelión produjo resultados muy interesantes. Durante la época totalitaria, los dos medios de expresión contra el poder con mayor éxito fueron la música y la poesía. En el cine, los guionistas evitaban los temas políticos y sociales y se concentraban sobre todo en los emotivos. Por eso hay tantas hermosas películas polacas de este período que tratan de los problemas cotidianos, psicológicos y humanos.

De hecho, en Polonia, en la década de 1970 se hacía un "cine de la angustia moral", que surgía de la sensación de que no describíamos el mundo tal y como era, sobre todo en nuestro caso, polacos sometidos a la censura comunista. Creo que este estilo de cine, en cierta medida, contribuyó a la explosión del movimiento sindical *Solidarnosk* (Solidaridad), que cambió la situación por completo porque ayudó a que la gente entendiera mejor el mundo que la rodeaba. Nos mostró que todos teníamos algo en común y que podíamos hacer cosas juntos.

Kieslowski y yo escribimos sobre los juicios políticos en la película **No End**, pero después de realizarla se nos atacó desde todas partes. El régimen creía que defendíamos a la oposición, y ésta quería que hubiera sido una película de propaganda de la resistencia. Por su parte, la

Iglesia criticó la moral del filme. De manera que después de **No End** creímos que debíamos mantenernos más alejados de la política y tratar de los sentimientos y estados de ánimo de los individuos. Pensábamos que la suma de esos individuos ilustraría la vida de la comunidad. Lo hicimos mediante una serie de diez películas basadas en los Diez Mandamientos, titulada **Dekalog**, que retratan la sencilla vida cotidiana de la época. Aquel era un mundo sin banalidad, donde todo funcionaba dentro de un frío realismo social. Pero a su vez, ese realismo frío estimulaba una sed de lo absoluto, de lo espiritual y lo metafísico. Durante la ley marcial, la gente encontró refugio en la Iglesia, no sólo espiritualmente sino también física e intelectualmente. Esto planteaba una pregunta muy interesante: ¿esta necesidad de la Iglesia surgía del ritual o era un deseo real de lo absoluto? Era una de las preguntas que se abordaban en nuestros guiones.

Tras años de totalitarismo nazi y estalinista, Polonia es hoy una democracia gracias a los héroes del levantamiento de Varsovia y del movimiento *Solidarnosk*. Por desgracia, en el espacio de libertad actual, las artes se han vuelto menos intensas, menos verdaderas, más vulgares. Cuando cayó el comunismo, pensaba que podríamos defendernos de la vulgaridad de la cultura de tabloide de los medios de comunicación; sin embargo, a cada año que pasa va invadiendo cada vez más espacios. Aunque en Polonia hemos establecido una democracia, no hemos sabido recuperar el estado de ánimo ni el pensamiento que teníamos en agosto de 1980 cuando se fundó *Solidarnosk*. Entonces, los trabajadores en huelga leían los poemas de [Czeslaw] Milosz. Durante el período de *Solidarnosk*, como abogado, defendí los derechos de los conductores de autobús de Varsovia, que publicaban poesía clandestina sin pasar por la censura. ¿Cómo es posible que la misma gente que en el pasado publicaba esos versos se siente hoy delante de la televisión a ver programas estúpidos? No lo puedo entender. Hoy, cada vez más

(1) *Prendimiento de Cristo* de Caravaggio. "Una vez, estando en Roma, fui a ver un cuadro de Caravaggio en una iglesia que estaba a oscuras y tuve que introducir una moneda en una máquina para que se encendiera la luz. De repente, apareció el cuadro con su increíble juego de colores y me sentí como si estuviera en el cine. Creo que las películas modernas deberían ser como un cuadro de Caravaggio, en el que aparentemente todo es realista pero que posee algunos detalles que le dan una dimensión misteriosa y espiritual." (2-3) Fotografías del gueto de Varsovia, que fue destruido por los nazis en represalia por el levantamiento polaco. "Me siento muy vinculado a Varsovia. Es un símbolo de a qué puede llevar la brutalidad. Creo que hoy es importante no sólo mostrar imágenes de los campos de concentración y de Varsovia en ruinas, que pueden contemplarse como simples postales del pasado. Debemos mostrar los mecanismos que crean tales atrocidades porque pueden darse en situaciones muy normales. Mientras en Varsovia los trenes transportaban gente a Auschwitz, los restaurantes estaban llenos, atestados de gente que charlaba y tomaba café, haciendo lo que le gusta hacer a todo el mundo en cualquier ciudad."

guionistas

Fotogramas de **Trois couleurs: Rouge** (1) y **Trois couleurs: Blanc** (3). (2) Piesiewicz (cuarto por la derecha) en la proyección en Cannes de **Trois couleurs: Rouge**.

gente ve el mundo tal como se muestra por la televisión y se percibe a sí misma como un reflejo de quienes aparecen en la pantalla en lugar de intentar comprender las situaciones en las que vive en realidad. Es muy extraño. En la actualidad, cuando como escritor intentas mostrar algo un poco más complejo que la actividad física, cada vez es menos numeroso el público capaz de entender lo que intentas explicar. Desgraciadamente, es una tendencia que parece ir a peor.

Las investigaciones han demostrado que la gente adquiere el 90 por ciento de sus conocimientos a través de la imagen en movimiento en sus diversas variantes. Hoy en día, hay cientos de miles de personas con cámaras que nos describen el mundo y envían las imágenes por todo el planeta. Puede que el símbolo del siglo XX sea la fotografía, dado que este siglo ha quedado documentado en imágenes como ningún otro. Sin embargo, las noticias y los documentales tienen sus límites. Para mí, el largometraje de ficción adquirirá cada vez mayor nobleza como reacción a esta proliferación de imágenes filmadas. Tratará de problemas que las noticias y los documentales no pueden mostrarnos: sobre las motivaciones, los sueños, la felicidad, el odio, sobre todo aquello que no es visible. Aunque ahora tengamos tanta información televisiva y tantos documentales, no sabemos más que antes del mundo. No sabemos cómo se siente la gente, ni conocemos su actitud hacia los demás, lo que le falta o las razones que motivan su comportamiento. Tenemos noticias de Shanghai, Nueva York y Argentina, pero con frecuencia no entendemos a la gente que pasa a nuestro lado por la calle.

Un guionista debería formarse para ser perceptivo y aprender a detenerse y concentrarse en el mundo que le rodea. También tiene que instruirse en el lenguaje cinematográfico. El cine no tendría que ser diálogo. Un guionista que pretenda transmitir la esencia del guión exclu-

sivamente mediante el diálogo, fracasará; tiene que usar las palabras de tal modo que el lector vea primero imágenes más que emociones. Las palabras deben formar frases y estas frases deben convertirse en imágenes que expresan emociones. Ahí radica el arte de la escritura de guiones. Requiere una gran habilidad describir con palabras las imágenes que ejemplifican el dolor, la alegría, la angustia, la falta de esperanza y el amor. Es difícil, pero no imposible, puedes aprender mucho contemplando los cuadros de los grandes artistas.

El guionista contemporáneo también debe comprender hasta qué punto puede llegar a condensar una historia. Kieslowski y yo solíamos bromear sobre lo que llamábamos "cine búlgaro" de las décadas de 1960 y 1970. Los personajes de las películas búlgaras aparecían realizando cada acción hasta el mínimo detalle; por ejemplo, entrando o saliendo del baño, yendo a la terraza o volviendo de ella. Hoy en día, los anuncios y los videoclips de música pop han preparado a los espectadores jóvenes para una mayor síntesis de la narración. Esto es un progreso. Durante mucho tiempo, teníamos películas largas que eran el equivalente cinematográfico de las obras de Balzac o Dickens. Creo que **The Godfather** (*El padrino*) señaló el fin de esa época. Hoy el cine se ha desarrollado como nuevo medio de expresión autónomo y está evolucionando como lo hizo la literatura; se parece cada vez más a la poesía y menos a la prosa, y el buen cine moderno se planteará las cuestiones que ya abordó la gran literatura. Paradójicamente, este nuevo lenguaje cinematográfico se está creando en el mundo de los anuncios.

En mis guiones siempre hay un tema que quiero discutir con el espectador. Empiezo preguntándome si éste es importante, y si tengo algo que decir sobre él. Los temas o motivos surgen de mi propia introspección. Cuando tengo mi tema o materia, empiezo a escribir la primera escena siendo ya consciente de lo que diré en la última.

PAWEL
If...someone Died abroad, would
there be an announcement as well?

KRZYSZTOF
If someone was prepared to pay for
it.

PAWEL
Dad..

Something in Pawel's voice makes Krzysztof put down the
newspaper.

PAWEL (CONT'D)
Why do people die?

KRZYSZTOF
It varies. Sometimes because of
heart attacks, or accidents, or old
age..

PAWEL
No, I mean, why do people have to
die at all?

KRZYSZTOF
See what it says under 'death' in
the encyclopaedia.

Pawel gets up and takes down the relevant volume from a shelf
crammed full of various kinds of encyclopaedias. He flicks
through the pages, evidently accustomed to looking things up
in it, and reads aloud.

PAWEL
'..a phenomenon caused by the
irreversible cessation of all the
functions of the bodily organism,
the heart, the central nervous
system..' What's the central
nervous system?

KRZYSZTOF
Look it up - there's an entry under
the heading.

PAWEL
It didn't have anything.

KRZYSZTOF
It must have. It's got everything
that can be described and
understood. Man is a machine. The
heart is like a pump and the brain
is like a computer.

2

KRZYSZTOF (CONT'D)
They get exhausted and then stop
working - that's all there is to
it. What's up. Is something wrong?

PAWEL
Nothing..only..

Pawel point to the newspaper.

PAWEL (CONT'D)
..they say something here about 'a
service for the peace of her soul'.
There's nothing about the soul in
the encyclopaedia.

KRZYSZTOF
It's just a term. It doesn't really
exist.

PAWEL
Antie thinks it does.

KRZYSZTOF
Some people find it easier to cope
with life if they think it does.

PAWEL
Do you?

KRZYSZTOF
Me? No. Is anything the matter?

PAWEL
No, nothing.

KRZYSZTOF
Well?

PAWEL
I saw a dead dog today. As I was
coming back with the papers. The
one with the yellow eyes. It was
always cold and hungry and hung
around the dustbins. Know the one I
mean?

KRZYSZTOF
Yes.

PAWEL
Right. Well I was so pleased I got
the answer right this morning......and
it was just lying there and it's
eyes were completely glazed over.

3

4

5

6

7

(1) Este cuadro del siglo XV del Museo de
Varsovia, que representa los Diez Mandamientos en un escenario contemporáneo, inspiró a Piesiewicz la idea para **Dekalog**. "Me
pasé horas contemplando ese cuadro porque
de él podía aprender sobre la época en la que
el artista lo pintó." (2-7) Una escena de
Dekalog I, en la que el joven Pawel le pregunta a su padre sobre el sentido de la muerte.

Los temas que traté en **Trois couleurs** eran los de la Revolución Francesa: libertad, igualdad y fraternidad, tal como se representan en el azul, el blanco y el rojo de la *tricolore* francesa. La trilogía se escribió en 1989, mientras se desmoronaba el Muro de Berlín. En ese momento, creía que esos lemas reaparecerían en nuestro mundo. También tenía la experiencia personal de cómo habían funcionado esos ideales en Polonia. La gente no quiere en realidad libertad política. Lo que quiere es libertad para tomar decisiones, pero éstas la convertirán en esclava de la noche a la mañana. Por ejemplo, las personas deciden "libremente" trabajar mucho para ganar dinero; pero esa decisión no es más que una imposición del materialismo. Al trabajar mucho, se vuelven totalmente dependientes de ese materialismo porque esperan que les permita escapar de la soledad. Al final, se dan cuenta de que es una trampa. La igualdad es una idea hermosa utilizada por los sistemas totalitarios para fomentar el conformismo y anular nuestra buena disposición hacia cuanto sea diferente. La fraternidad es efectivamente amor, pero el amor se ha vuelto muy difícil de encontrar hoy día. Sin embargo, es la fraternidad lo que puede salvarte. Sin fraternidad, los otros dos lemas se vuelven ciertamente muy peligrosos, como se ha visto en mi propio país. Cuando te enfrentas a estos lemas, debes recordar que existen ciertas concepciones básicas que no pueden sacrificarse a cualquier ideal. Cuando Stalin y Hitler dominaban Polonia solían decir que lo hacían por mi bien. Los colegas más peligrosos que tengo en el Parlamento son aquellos que recurren siempre a la idea de "bien común", pero no existe "bien común", sólo la felicidad individual de cada uno en su propio mundo personal.

La trilogía de guiones de "Heaven", "Hell" y "Purgatory" compone otra descripción de la realidad utilizando tres nociones que existen en nuestra sociedad. Nací en las ruinas de Varsovia, justo después de la ocupación nazi, y escuchaba a todas horas hablar a la gente de los sucesos espantosos de los campos de concentración donde había perdido a seres queridos. La gente entre la que crecí había tenido que luchar, matar y cometer actos terribles para que otros no fueran asesinados. Esas personas seguían siendo bellas porque, pese a esas espantosas experiencias, tenían el paraíso en su interior. Hoy día conozco a gente que lo tiene todo, pero aun así quiere contrariar y manipular a los demás. Esas personas llevan el infierno dentro. Pero la mayoría de la gente lo que lleva en su interior es el purgatorio. Posiblemente esa mayoría sea la más interesante desde el punto de vista de la escritura de guiones, porque muestra que las personas tienen conciencia. Partiendo de esas ideas básicas, busqué personajes y con ellos construí historias que exploraban mis ideas sobre el cielo, el infierno y el purgatorio.

Aunque creo que un guionista debe empezar preguntándose qué quiere decir, también pienso que nunca debe tener una misión. Alguien con una misión no tarda en convertirse en un ideólogo; en este caso, un ideólogo con una computadora o una cámara. Muchos guionistas polacos eran ideólogos que querían convencer a su público de que sólo hay una manera de ver el mundo. El artista debe describir con autenticidad y educación el mundo humano. Nada más. Por lo que a mí respecta, no me gustaría darle lecciones de moral a nadie. Ésa no es mi especialidad. Como guionista, sigo mi intuición y mis experiencias cotidianas. Continuaré construyendo frases con palabras e imágenes con frases mientras conserve la lucidez y sepa reconocer las preguntas que se hace la gente pero que con frecuencia teme plantear en público. Resulta difícil saber cuándo ya no se está en condiciones de hacer esas cosas, de manera que ahora le pregunto a los jóvenes y a mis propios hijos si todavía puedo ver y entender lo que está pasando.

Un profesor muy sabio me dijo en una ocasión que se había criado en un hermoso palacio, dado que era miembro de una familia de origen aristocrático y muy rica.

1

2

3

4

5

(1-5) Fotogramas y carteles de la trilogía **Trois couleurs**. "No sé muy bien cómo elijo los personajes que mejor ilustran las ideas que quiero analizar. Tal vez sea por intuición. Casi siempre son mujeres, porque las mujeres te dan más posibilidades expresivas. Son más espontáneas y más bellas que los hombres, pero al mismo tiempo pueden ser bastante crueles y calculadoras. Al fin y al cabo, su influencia se extiende a todos los aspectos de la vida."

guionistas

(1) Piesiewicz con Kieslowski. "Procuro no hablar de mi relación profesional con Kieslowski. Todo lo que puedo decir es lo que él mismo decía: que las ideas principales, desde que nos conocimos, eran mías; pero dejemos que el resto quede entre nosotros dos."
(2) Kieslowski e Irène Jacob en **La double vie de Véronique**. "No me gusta hablar de lo que sucede en esas películas, porque cada cual debería interpretarlo por sí mismo. Ya sabe el tipo de pregunta que se le hace a un alumno en el colegio: '¿Qué quería expresar el autor o poeta en este poema?'; intento evitar que se me juzgue o se me ponga a prueba de ese modo." Fotogramas de (3) **A Short Film About Love** (*No amarás*) y (5) **Dekalog I**.
(4) Cartel de **A Short Film about Killing**, en la que el guión de Piesieswicz contaba una historia muy cercana a su propia experiencia, la de un joven abogado involucrado en un brutal caso de asesinato.

4

5

Cuando acabó la Segunda Guerra Mundial lo perdió todo y lo único que le quedó fueron unos pantalones desgastados y unos zapatos con las suelas agujereadas. Empezó a estudiar historia de las religiones y acabó convirtiéndose en uno de los mejores expertos del mundo en su campo, amigo del profesor Wojtyla, que más tarde llegaría a Papa. Si hubiera seguido viviendo alegre y cómodamente en su palacio, jamás habría conseguido tanto, conocido a tanta gente interesante, escrito tantos libros, y al final de su vida no habría sido tan feliz. Me dijo que la verdadera creatividad debe darse en un entorno ascético. No tienes que pasar hambre o abandonar tu confortable piso, pero sí debes renunciar a otras tentaciones, como una carrera fácil, la mala calidad o el esplendor. Debes observar el mundo y decir la verdad. Optar por la honestidad y la verdad es el pequeño heroísmo del artista.

Cuando Francis Ford Coppola recogió su Oscar al mejor guión por **The Godfather** (*El Padrino*) en 1972, expresó su agradecimiento a Robert Towne por su contribución al mismo. Desde 1967, cuando Warren Beatty le contrató para reescribir parte de **Bonnie and Clyde** (Arthur Penn, *Bonnie y Clyde*), Towne se había ganado una gran reputación como uno de los principales "consultores de guión" de Hollywood. Nacido en Los Ángeles en 1934, Towne se

robert towne

139

crió en San Pedro, California. De joven, siempre quiso escribir , aunque pensaba que acabaría siendo periodista. El productor y director Roger Corman, a quien había conocido en unas clases de interpretación, le pidió que escribiera su primer guión; se titulaba "The Tomb of Ligeia" (1964). En 1973 Towne recogió su propio Oscar al Mejor Guión Adaptado por **The Last Detail** (Hal Ashby, *El último deber*); al año siguiente ganó el galardón de la Academia al Mejor Guión Original por **Chinatown*** (Roman Polanski). Más adelante colaboró con Beatty para escribir **Shampoo*** (Hal Ashby, 1975) y **Reds** (Beatty, 1981, *Rojos*), antes de escribir y dirigir **Personal Best** (1982). Descontento con los cambios que se realizaron en su guión de **Greystoke: The Legend of Tarzan** (Hugh Hudson, 1984, *La leyenda de Tarzán, el rey de los monos*), Towne cambió su nombre en los créditos por el de su perro, P. H. Vazak. Vazak fue nominado para un Oscar. Entre los otros guiones de Towne se cuentan **The Two Jakes** (Jack Nicholson, 1990, *Los dos Jakes*), **Days of Thunder** (Tony Scott, 1990, *Días de trueno*), **The Firm** (Sidney Pollack, 1993, *La tapadera*) y **Mission: Impossible II** (John Woo, 2000, *Misión imposible 2*). En 1997 se le concedió el Writers Guild Screen Laurel Award por sus contribuciones a la escritura de guiones.

Mi formación como guionista empezó en una clase de interpretación. De hecho, actuar es un gran aprendizaje para la escritura porque adquieres una sensibilidad especial para el lenguaje. Además, también aprendes muy rápido que las palabras que de hecho utiliza la gente no son en absoluto tan importantes como la intención que subyace tras ellas. En esa clase, improvisaba y observaba a gente como Jack Nicholson improvisando varias veces por semana durante siete u ocho años. Nos planteaban situaciones tan simples como ésta: sois dos personas y tú sabes que la otra morirá si pasa por cierta puerta. Debes impedirle que pase por ella, pero no se te permite mencionar ni la puerta ni la muerte. Con situaciones improvisadas como ésa aprendes a comunicar algo sin mencionarlo explícitamente. Es un detalle muy importante en todas las formas de escritura dramática, porque la gente suele decir una cosa y querer decir otra. Y eso se aplica a la escritura de guiones más que a cualquier otra forma porque la imagen transmite tanta información que es casi imposible que el diálogo añada nada. Sobre un escenario no hay tanto lenguaje visual, así que el diálogo debe transmitir más información. Pero en una película ves más y lo ves más rápido. Por tanto, lo que oyes tiene que ser

algo distinto de lo que ves. De hecho una gran parte del trabajo de la escritura de un guión consiste en comprende qué es lo que no hay que decir.

Durante el día, en televisión, cuando los personajes hablan, lo que ves es lo que hay. Los programas suenan increíblemente reales y, aun así, te aburren y deprimen. Esto se debe a que los sucesos no se comprimen ni destilan. En una buena película, aunque todo, diálogo incluido, parezca completamente realista, cada escena es una condensación de la experiencia. Una escena representa diez. Los buenos guionistas crean mucho subtexto acumulando e intensificando la experiencia de ese modo.

Aunque nadie vaya a verlo jamás, el único modo de estar seguro de haber destilado apropiadamente una escena es escribirla con el máximo detalle, como si dispusieras de todo el tiempo del mundo para describirla. De esa manera no se te quedará fuera nada vital. Hoy tiendo a escribir escenas cada vez más largas. En lugar de un borrador de 150 páginas, redacto uno de 350. Cuando me ponga a comprimirlo, me resultará paradójicamente más fácil porque el primer borrador contiene cuanto podría contener. Es poco probable que deje fuera algo esencial en el borrador definitivo porque seguro que ya estaba allí, en el inicial. Por ejemplo, la escena del final de **The Firm** entre los hermanos Morolto (que no aparece en el libro) ocupaba originalmente 17 páginas. En el guión definitivo quedó reducida a 4.

Cuando empiezas a escribir un guión, tu objetivo es salir del embrollo lo antes posible. Es como un baile: empiezas tú solo con la esperanza de que los demás te sigan rápidamente. Si eres el único que empuja la historia durante demasiado tiempo, es que algo no va bien; mientras que si la propia historia empieza a dictarte la dirección que toma,

es que sí funciona. La buena escritura debe proceder del interior de tus personajes. Lo importante es aislar, e identificarse con lo que quiere y lo que teme un personaje, y luego entender cómo reacciona a esos miedos y esas necesidades. Si se da una disparidad entre la dirección que yo creo que debe tomar el guión y el rumbo que me dictan los personajes, sigo a éstos y realizo los ajustes necesarios. El guionista quiere seguir lo que le parece más auténtico.

La lectura de J. D. Salinger me enseñó que la gente en general (y, tal vez, los estadounidenses en particular) distan mucho de dialogar con la precisión que encontramos en los diálogos de muchos libros y guiones. Salinger hizo que me diera cuenta de que algunas de las afirmaciones más elocuentes se realizan cuando las personas no acaban de saber decir algo tal y como quieren expresarlo. En **Shampoo**, al peluquero George le preguntan cómo está y responde: "Estoy cortando demasiado pelo y perdiendo todas mis ideas". Nadie sabe qué significa eso en realidad, pero de alguna extraña manera te haces una idea muy clara del verdadero sentido de su comentario. El público sabe que George está metido en una frenética espiral para triunfar y que quiere dar un paso atrás y recuperar un poco de control sobre su vida, en lugar de seguir perdiéndose en una melena de mujer tras otra (y en sus vidas, sus cuerpos y todo lo demás). Vista en ese contexto, la frase "Estoy cortando demasiado pelo y perdiendo todas mis ideas" resulta extrañamente clara y mucho mejor que si hubiera dicho: "Me siento acosado y alienado".

El protagonista de *El guardián entre el centeno* de Salinger, Holden Caulfield, sabe que hay cosas que son casi demasiado importantes para intentar hablar sobre ellas. En este sentido no quiere ser demasiado explícito cuando se comunica con los demás porque sabe que podría fracasar. En un fragmento, un profesor anima a los estudiantes a gritar "digresión, digresión" cada vez que el alumno que esté hablando se aparte de lo importante.

2

3

4

5

6

"No sé cómo acabé escribiendo **Chinatown**, pero puedo señalar algunos pasos concretos del proceso: vi una serie de fotografías de John Waggaman en la revista *West* (3-6), que acompañaban a un artículo titulado 'Raymond Chandler's Los Angeles'. Las fotografías me impresionaron, me recordaron la ciudad en la que había crecido. De repente me asaltó un tremendo sentimiento de pérdida, recuerdos de lo que había sido la ciudad en el pasado. Aquellas instantáneas detenidas en el tiempo podían devolverte de golpe al pasado. Y me di cuenta de que todavía era posible fotografiar la ciudad de modo que se recreara aquella época, de manera similar a como todavía existían aquellas farolas. Supongo que, en cierto sentido, ese fue el principio." Towne (1) y con el joven Jack Nicholson (2), a quien conoció en una escuela de interpretación.

225   Gittes pushes past him. Evelyn, looking a little worn but
      glad to see him hurries to the door. She takes Gittes'
      arm.

                         EVELYN
              How are you? I was calling you.

      She looks at him, searching his face.

                         GITTES
              -- Yeah?

      They move into the living room. Gittes is looking around
      it.

                         EVELYN
              Did you get some sleep?

                         GITTES
              Sure.

                         EVELYN
              Did you have lunch? Kyo will fix
              you something --

                         GITTES
                   (abruptly)
              -- where's the girl?

                         EVELYN
              Upstairs. Why?

                         GITTES
              I want to see her.

                         EVELYN
              ... she's having a bath now... why
              do you want to see her?

      Gittes continues to look around. He sees clothes laid out
      for packing in a bedroom off the living room.

                         GITTES
              Going somewhere?

                         EVELYN
              Yes, we've got a 4:30 train to
              catch. Why?

      Gittes doesn't answer. He goes to the phone and dials.

                         GITTES
              -- J. J. Gittes for Lieutenant
              Escobar...

                              (CONTINUED)

---

225   CONTINUED:

                         EVELYN
              What are you doing? What's wrong?
              I told you we've got a 4:30 --

                         GITTES
                   (cutting her off)
              You're going to miss your train!
                   (then, into phone)
              ... Lou, meet me at 1412 Adelaide
              Drive -- it's above Santa Monica
              Canyon... yeah, soon as you can.

              What did you do that for?

                         GITTES
                   (a moment, then)
              You know any good criminal lawyers?

                         EVELYN
                   (puzzled)
              -- no...

                         GITTES
              Don't worry -- I can recommend a
              couple. They're expensive but you
              can afford it.

                         EVELYN
                   (evenly but with
                    great anger)
              What the hell is this all about?

      Gittes looks at her -- then takes the handkerchief out of
      his breast pocket -- unfolds it on a coffee table, reveal-
      ing the bifocal glasses, one lens still intact. Evelyn
      stares dumbly at them.

                         GITTES
              I found these in your backyard --
              in your fish pond. They belonged to
              your husband, didn't they?... didn't
              they?

                         EVELYN
              I don't know. I mean yes, probably.

                         GITTES
              -- yes positively. That's where
              he was drowned...

                         EVELYN
              What are you saying?

                              (CONTINUED)

---

225   CONTINUED: (2)

                         GITTES
              There's no time for you to be
              shocked by the truth, Mrs. Mulwray.
              The coroner's report proves he was
              killed in salt water, just take my
              word for it. Now I want to know
              how it happened and why. I want
              to know before Escobar gets here
              because I want to hang onto my
              license.

                         EVELYN
              -- I don't know what you're talking
              about. This is the most insane...
              the craziest thing I ever...

      Gittes has been in a state of near frenzy himself. He
      gets up, shakes her.

                         GITTES
              Stop it! -- I'll make it easy. --
              You were jealous, you fought, he
              fell, hit his head -- it was an
              accident -- but his girl is a
              witness. You've had to pay her
              off. You don't have the stomach
              to harm her, but you've got the
              money to shut her up. Yes or no?

                         EVELYN
              ... no...

                         GITTES
              Who is she? and don't give me that
              crap about it being your sister.
              You don't have a sister.

      Evelyn is trembling.

                         EVELYN
              I'll tell you the truth...

      Gittes smiles.

                         GITTES
              That's good. Now what's her name?

                         EVELYN
              -- Katherine.

                              (CONTINUED)

---

225   CONTINUED: (3)

                         GITTES
              Katherine?... Katherine who?

                         EVELYN
              -- she's my daughter.

226   Gittes stares at her. He's been charged with anger and
      when Evelyn says this it explodes. He hits her full in
      the face. Evelyn stares back at him. The blow has forced
      tears from her eyes, but she makes no move, not even to
      defend herself.

                         GITTES
              I said the truth!

                         EVELYN
              -- she's my sister --

      Gittes slaps her again.

                         EVELYN
                   (continuing)
              -- she's my daughter.

      Gittes slaps her again.

                         EVELYN
                   (continuing)
              -- my sister.

      He hits her again.

                         EVELYN
                   (continuing)
              My daughter, my sister --

      He belts her finally, knocking her into a cheap Chinese
      vase which shatters and she collapses on the sofa,
      sobbing.

                         GITTES
              I said I want the truth.

                         EVELYN
                   (almost screaming it)
              She's my sister and my daughter!

                              (CONTINUED)

5

8

6

9

7

10

(1-10) **Chinatown**: "Con frecuencia, mediante el diálogo haces avanzar la historia y le das al público la información esencial. En esta escena, Gittes [Jack Nicholson] revela a Evelyn Mulwray [Faye Dunaway] que está convencido de que ella ha asesinado a su marido. Para hacerlo más fácil, Gittes se imagina la situación de este modo: ella estaba celosa y se peleó con él. Es una escena muy dramática. Pero Gittes se ha equivocado por completo: la persona que consideraba culpable resulta ser la heroína. La información de la trama se da sacándosela a Evelyn, y el público no piensa 'Menuda mierda, me están dando información', sino que está pendiente de cómo va a controlarse Gittes."

Caulfield reconoce que lo que más le atrae de la charla de los demás son sus digresiones. La gente dice cosas interesantes mientras hace digresiones; es cuando de verdad llegas a saber qué está pensando. Para entender lo que dicen los demás, lo que hay que hacer es leer entre líneas.

En Salinger hay un uso maravilloso del estribillo, esas expresiones repetitivas como muletillas. La gente de hecho habla comunicándose indirectamente mediante esas muletillas. "No sé si me entienden" es un estribillo continuo de *El guardián entre el centeno*. La repetición del estribillo en el diálogo, bien utilizada, puede conmoverte casi tanto como la música. En **Angels with Dirty Faces**, Pat O'Brien y James Cagney encarnan a dos chicos irlandeses, uno se hace sacerdote y el otro delincuente. De niño oímos como Cagney dice: "Vaya, no me digas, ¿qué te parece?" y es un signo de su descaro. Repite la frase a lo largo de toda la película. Al final, Cagney está en el corredor de la muerte y el sacerdote O'Brien va a acompañarle en su último paseo; Cagney dice: "Vaya, no me digas, ¿qué te parece?". En ese momento, recuerdas cada vez que se ha dicho la frase, tiene resonancia. Te recuerda dónde estabas con ese personaje y hasta dónde has llegado con él. El estribillo puede ser muy poderoso en el diálogo y funciona mejor cuando es una expresión coloquial que usamos sin pensar.

Para escribir un diálogo eficaz, también resulta esencial fijarse en cómo la gente emplea mal el lenguaje. La frase de **Shampoo** –"Estoy cortando demasiado pelo y perdiendo todas mis ideas"– fue algo que me dijo en realidad un peluquero. A mí no se me habría podido ocurrir. Era la manera personal que tenía de hablar aquel hombre. En el guión funciona porque se ajusta perfectamente a la cultura de esa época, en una ciudad que giraba en torno a las apariencias, con mucha gente obsesionada por su aspecto. A lo largo de todo **Shampoo** utilizo el mantra "Genial. Genial", porque, si algo no es genial, Dios no lo quiera, ¡es espantoso! "¿Te gusta?", "Sí, está bien, muy bien";

"No, lo aborreces", "No, qué va, es genial, es genial". La inseguridad que provoca tanta atención a la apariencia da lugar a, y se manifiesta en, la retórica. El modo en que el diálogo expresa y revela a tus personajes es fundamental para la historia que estás contando.

En comparación, el diálogo de **The Last Detail** estaba repleto de palabrotas, lo que casi nos impidió hacer la película. Los personajes principales son dos soldados veteranos que escoltan a uno joven a la prisión militar donde va a cumplir ocho años de trabajos forzados por robar 40 dólares. Cuando los mayores escuchan la historia del chico y comprenden que fue incapaz de defenderse, se hace evidente para ellos que el robo fue tan sólo un pequeño trastorno emocional. Si el chico hubiera tenido la menor capacidad para expresarse no habría acabado yendo a la cárcel. Todas las palabrotas del diálogo eran auténticos y necesarios para la historia. Los militares son famosos por su prolijo uso del lenguaje escatológico, de ahí la expresión "jura como un soldado". Cuando estás en el Ejército, haces lo que te mandan y la única posibilidad de protesta que te queda es jurar. David Beigelman, el ejecutivo de la Columbia, me preguntó en un momento dado "...si veinte cabrones de mierda no serían más dramáticos que cuarenta cabrones de mierda". Le respondí que tal vez, pero que lo más interesante de **The Last Detail** era, precisamente, que decir palabrotas no es dramático. Los hombres juran, pero no como un añadido o un subrayado de la acción, sino como un sustituto de ésta. Es un signo de su impotencia. No es como cuando Rhett Butler dice "Sinceramente, querida, me importa un bledo" y se aleja de Scarlett. En ese caso, la palabra y la acción se complementan y la expresión malsonante es dramática.

La oportunidad para hacer una película como **The Last Detail** surgió de los cambios que se produjeron en el Código de Producción Cinematográfica, conocido también como la Oficina Hays. Eliminaron las restricciones sobre

1

2

"Siempre he creído que la primera película de detectives es *Edipo Rey*, y que todas las historias policíacas escritas desde entonces no son más que sucedáneos. Edipo se da cuenta al final de la obra de que él era el villano desde el principio, culpable de haber matado a su padre y haberse casado con su madre. Las mejores películas de detectives son aquellas en las que tienes delante al villano desde el principio. (1) En **The Maltese Falcon** (*El halcón maltés*), la señorita Wonderly acude a buscar la ayuda de Sam Spade y le explica que la están persiguiendo un montón de tipos siniestros. El detective escucha, pasa por diversas vicisitudes, vuelve y se da cuenta de que el criminal (la señorita Wonderly) ha estado delante de sus narices desde el principio". "No hay ninguna cultura en el mundo que haya expresado de manera indirecta las cosas con mayor elocuencia que la irlandesa, con mucha probabilidad a causa de la opresión. La letra de *Nell Flaherty's Drake* (3) cuenta la historia de un pato al que matan. La canción trata en realidad del rebelde irlandés Robert Emmett (2), que fue asesinado por los británicos. No podían decirlo explícitamente. Una vez más, ¡todo es subtexto!"

Oh my name it is Nell, and the truth for to tell,
I come from Cootehill which I'll never deny;
I had a fine drake, and I'd die for his sake,
That my grandmother left me, and she going to die.
The dear little fellow, his legs they were yellow;
He could fly like a swallow or swim like a hake
'Til some dirty savage, to grease his white cabbage,
Most wantonly murdered my beautiful drake.

Now, his neck it was green oh, most fit to be seen,
He was fit for a queen of the highest degree.
His body was white, and it would you delight;
He was plump, fat, and heavy, and brisk as a bee.
He was wholesome and sound, he would weight twenty pound,
And the universe 'round I would roam for his sake.
Bad luck to the robber, be he drunk or sober,
That murdered Nell Flaherty's beautiful drake.

May his spade never dig, may his sow never pig,
May each hair in his wig be well thrashed with a flail;
May his turkey not hatch, may the rats eat his meal.
May every old fairy from Cork to Dunleary
Dip him smug and airy in river or lake,
That the eel and the trout, they may dine on the snout
Of the monster that murdered Nell Flaherty's drake.

May his pig never grunt, may his cat never hunt,
May a ghost ever haunt him at dead of the night;
May his hens never lay, may his horse never neigh,
May his goat fly away like an old paper kite.
That the flies and the fleas may the wretch ever tease,
May the piercing March breeze make him shiver an shake;
May a lump of a stick raise the bumps fast and thick
Of the monster that murdered Nell Flaherty's drake.

Now the only good news that I have to infuse
Is that old Paddy Hughs and young Anthony Blake,
Also Johnny Dwyer and Corney Maguire,
They each have a grandson of my darling drake.
My treasure had dozens of nephews and cousins,
And one I must et or my heart it will break;
To set my mind aisy or else I'll run crazy -
So ends the whole song of Nell Flaherty's drake.

1

2

3

(1-7) **The Godfather**: Coppola creía que la escena que había escrito para el traspaso de poderes de Don Vito [Marlon Brando] a su hijo Michael [Al Pacino] no acababa de estar bien (4-5). Le pidió a Towne que la reescribiera (6-7). "A la gente no le gusta renunciar al mando, pero en este caso hay una variante interesante porque la resistencia del Don a ceder el poder se debe a que éste es tan sombrío y maligno que no quiere que su hijo lo herede. La frase 'Me niego a ser una marioneta bailando en una cuerda para esos tipos, no pido perdón por mi vida' se inspiraba en la cubierta del libro *El padrino*. Cuando llegué al plató, Marlon Brando me pidió que le leyera la escena. Cuando se convenció de que iba a funcionar, la analizó hasta el último detalle haciendo que se la leyera una y otra vez, parándome y preguntándome qué significaba cada momento. Daba miedo, pero también era un inmenso alivio que alguien prestara atención. Me animó a seguir escribiendo de ese modo."

MICHAEL
(coldly)
You're out, Tom.

TOM pauses, thinks...and then he nods in acquiescence. TOM
leaves. MICHAEL looks at NERI.

MICHAEL (CONT'D)
I'm going to talk to my father.
NERI nods, and then leaves.

The DON opens the doors, breathes in the air, and steps
outside.

EXT DAY: THE GARDEN (1955)

DON CORLEONE
I see you have your Luca Brasi.

MICHAEL
I'll need him.

DON CORLEONE
There are men in this world who
demand to be killed. They argue in
gambling games; they jump out of
their cars in a rage if someone so
much as scratches their fender.
These people wander through the
streets calling out "Kill me, kill
me." Luca Brasi was like that. And
since he wasn't scared of death,
and in fact, looked for it...I made
him my weapon. Because I was the
only person in the world that he
truly hoped would not kill him. I
think you have done the same with
this man.

They walk through the DON's vegetable garden. Tomatoes,
peppers, carefully tended, and covered with a silky netting.
MICHAEL follows; the DON turns and looks at him. Then stoops
over to right a tomato plant that had been pushed over.

DON CORLEONE (CONT'D)
Barzini will move against you
first.

MICHAEL
How?

DON CORLEONE
He will get in touch with you
through someone you absolutely
trust. That person will arrange a
meeting, guarantee your safety...

He rises, and looks at Michael...

DON CORLEONE (CONT'D)
...and at that meeting you will be
assassinated.

The DON walks on further.

DON CORLEONE (CONT'D)
Your wife and children...you're
happy with them?

MICHAEL
Yes.

DON CORLEONE
Good.

MICHAEL wants to express something...hesitates, then:

MICHAEL
I've always respected you...

A long silence. The DON smiles at MICHAEL.

DON CORLEONE
And I...you.

EXT DAY: CHURCH (1955)

KAY and MAMA walking from the black car that has just left
them off.

KAY
How is your husband feeling?

MAMA
He's not the same since they shot
him. He lets Michael do all the
work. He just plays the fool with
his garden, his peppers, his
tomatoes, as if he was some peasant
still. But men are like that...

She stops toward the Church.

MAMA (CONT'D)
You come in, too.

KAY shakes her head.

THE DON'S GARDEN

The Don, older looking now, sits with Michael.

VITO CORLEONE
So - Barzini will move against you
first. He'll set up a meeting with
someone that you absolutely trust -
guaranteeing your safety. And at
that meeting, you'll be
assassinated.
I like to drink wine more than I
used to - anyway, I'm drinking
more...

MICHAEL
It's good for you, Pop.

VITO CORLEONE
I don't know - your wife and
children - are you happy with them?

MICHAEL
Very happy...

VITO CORLEONE
That's good. I hope you don't mind
the way I - I keep going over this
Barzini business...

MICHAEL
No, not at all...

VITO CORLEONE
It's an old habit. I spent my life
trying not to be careless - women
and children can be careless, but
not men.
(beat)
How's your boy?

MICHAEL
He's good -

VITO CORLEONE
You know he looks more like you
every day.

MICHAEL
(smiling)
He's smarter than I am. Three years
old, he can read the funny papers

VITO CORLEONE
(laughs)
Read the funny papers -

VITO CORLEONE (CONT'D)
Oh - well - eh, I want you to
arrange to have a telephone man
check all the calls that go in and
out of here - because...

MICHAEL
I did it already, Pop.

VITO CORLEONE
- ya know, cuz it could be
anyone...

MICHAEL
Pop, I took care of that.

VITO CORLEONE
Oh, that's right - I forgot.

MICHAEL
(reaching over, touching
his father)
What's the matter? What's bothering
you? I'll handle it. I told you I
can handle it, I'll handle it.

VITO CORLEONE
(as he stands)
I knew that Santino was going to
have to go through all this. And
Fredo - well -
(after he sits besides
Michael)
- Fredo was - well - But I never -
I never wanted this for you. I work
my whole life, I don't apologize,
to take care of my family. And I
refused - to be a fool - dancing on
the string, held by all those -
bigshots. I don't apologize -
that's my life - but I thought that
- that when it was your time - that
- that you would be the one to hold
the strings. Senator - Corleone.
Governor - Corleone, or
something...

MICHAEL
Another pezzonovante...

VITO CORLEONE
Well - this wasn't enough time,
Michael. Wasn't enough time...

robert towne

148

guionistas

(1-4) **The Last Detail**: Dos soldados, Buddusky y Mulhall, escoltan a un chico llamado Meadows a la prisión. (3-4) En esta escena se han detenido en un bar donde Meadows ha pedido una hamburguesa. "Lo que Buddusky le está diciendo en realidad es 'defiéndete por ti mismo. Si te hubieras sabido defender no irías a la cárcel durante ocho años por robar 40 dólares'. En todo diálogo eficaz hay un elemento fundamental de subtexto."

3

33

EXT.   STREET

30   The three emerge from the alcove, walking, two impeccable   30
      sailors and a sloppy one, but they no longer appear as
      prisoner and guards.

      Billy and Mule hitch up their pants, turn up their peacoat
      collars, and drop their hats over their foreheads by
      way of reacting to the cold. Meadows gives a shabby
      imitation of their movements. Buddusky laughs when he
      sees this. He adjusts Meadows' collar. Mule picks up,
      leans over and gives the right tilt to Meadows' hat.
      They saunter off.

INT.   HAMBURGER JOINT

31   They sit at the counter. The hamburgers are brought   31
      along with shakes and fries. Buddusky looks at Meadows'
      cheeseburger suspiciously.

                    BUDDUSKY
            Cheese melted enough?

                    MEADOWS
            Sure.

      Buddusky looks at it closely.

                    BUDDUSKY
            Ain't melted at all. Send it
            back.

                    MEADOWS
            No, it's okay, really.

                    BUDDUSKY
            Send the goddam thing back.
            You're paying for it, aren't
            you?

                    MEADOWS
            It's all right, really.

                    BUDDUSKY
            Have it the way you want it.
            Waiter?

                    MEADOWS
            No please -

                    WAITER
            Yes, sir?

34

31   CONTINUED: 31

                    BUDDUSKY
            Melt the cheese on this for the
            Chief here, will you?

                    WAITER
            Certainly.

      The waiter takes it away.

                    BUDDUSKY
            See, kid, it's just as easy to
            have it the way you want it.

32   CLOSE ON MEADOWS   32
      biting into his cheeseburger.

                    BUDDUSKY
            See what I mean?

      Meadows nods. Buddusky looks over to Mule, pleased with
      himself.

EXT.   STREET   THE THREE

33   lifting their collars again and putting on their gloves.33

                    MULE
            (moving)
            Better catch that train.

                    BUDDUSKY
            We still got time for a beer.

                    MULE
            Now wait a minute, man -

                    MEADOWS
            I ain't old enough.

                    BUDDUSKY
            (whirling on him)
            You ain't old enough for what?

                    MEADOWS
            (intimidated)
            For a beer.

el lenguaje, así como sobre las escenas íntimas y de violencia. Este cambio se debió en realidad a razones económicas, porque la televisión había logrado atraer a tanto público cinematográfico que las productoras estaban dispuestas a cualquier cosa para recuperarlo. Querían mostrarle lo que no podía verse en la televisión, lo que implicaba algo un poco más fuerte. Fuera por accidente o intencionado, el caso es que se acabaron encontrando con toda una contracultura. Mientras la televisión trataba de lo sana e importante que era la familia, el cine acabó tratando de la alienación y mostraba a marginados con problemas en busca de algún tipo de sentido en la vida después de la guerra de Vietnam y el escándalo Watergate. El público que buscaba respuestas a las preguntas sobre su identidad o sus problemas acudía a los cines.

The Last Detail me proporcionó la oportunidad de llevar a la pantalla una cierta realidad que no había existido antes en ella. El guión trataba de lo que en principio no parecía una situación demasiado dramática, ni siquiera de gran contenido o importancia. No era el mundo lo que estaba en juego. Relataba tan sólo el traslado de un joven soldado que había robado 40 dólares a prisión; en ese sentido, se parecía más a **Ladri di biciclette**. La idea era escribir sobre esas cosas de las que nadie suele escribir en una película. Las películas tradicionales sobre el crimen suelen mostrar a alguien cometiendo el delito, al tribunal durante el juicio o la brutalidad del encarcelamiento. Ésas son situaciones dramáticas. Este pequeño interludio pintoresco del traslado del chico a prisión (que es todo el guión de la película) se habría denominado en el pasado un parche (*a shoe leather*, "una suela de zapato", en el original), es decir, un relleno, una escena que no parece tener ningún propósito dramático.

De niño, una de las cosas que me sacaban de quicio en las películas era que siempre que un personaje paraba delante de un hotel, como el Waldorf Astoria en el centro de Nueva York, había alguien delante preparado para aparcar el automóvil. Se proporcionaba así un espacio al protagonista para poder seguir con el tema principal de la película. Cada vez que los personajes pagaban en un restaurante, siempre decían: "Quédese el cambio". De niño, ya sabes que tu padre no siempre dice "Eh, quédate el cambio, guapa" cuando tiene una familia que alimentar y no es fácil ganar dinero. Son tan solo convenciones cinematográficas para evitar los "parches". Yo decidí introducirlas en una película y convertirlas en el tema. Toda la historia, de principio a fin, trata en realidad de una escena de relleno.

Al empezar a escribir **Chinatown** incorporé uno de estos "parches" en el guión. Hay una escena en que el detective Gittes va a visitar a un tal Mr Mulwray a su casa, pero no vamos directamente al momento en que se reúnen. Gittes llega a la gran mansión de estilo español de Mulwray, camina hacia la puerta principal, llama y oye unos chirridos. Parece misterioso. El mayordomo chino abre la puerta. Gittes pregunta por el señor Mulwray y el mayordomo le cierra la puerta en las narices. Gittes se queda allí, escucha más chirridos y mira a su alrededor. Asomando por detrás de la parte trasera del Packard se ve a alguien limpiándolo con una gamuza. El mayordomo vuelve, abre la puerta y sólo entonces le hace pasar. Todo esto es una escena de relleno, pero también nos sitúa en un mundo distinto, uno tan silencioso que puede oírse el chirrido de una gamuza sobre el auto.

Puede que estas dos películas sean lentas en ciertos momentos, pero no por ello dejan de ser dramáticas. El guionista puede lograrlo. En **2001: A Space Odyssey** (*2001, Una odisea del espacio*) la pantalla se llena con una enorme nave espacial que la atraviesa despacio. Es algo muy dramático. Pero puedes filmar un insecto cruzando la superficie de una mesa y que parezca exactamente igual de enorme que una nave. Si hubiera una

guionistas

1

2

3

4

5

6

7

8

"Sólo puedes escribir dentro de los parámetros del mundo que te haya tocado en suerte. Entre las carreras y las secuencias de acción de **Mission: Impossible II** no queda mucho tiempo para abordar los matices de los personajes. En una situación ideal, deberías hacerlo en las propias secuencias de acción, aunque las posibilidades de hacerlo son muy limitadas. Creo que el guión definitivo de **Mission** tiene 84 páginas. Las secuencias de acción son más breves en la página que las de diálogo." (1-9) Extracto del guión y fotogramas de una secuencia de acción de la película. (10) Towne.

razón convincente para que el público sintiera una desesperada curiosidad por saber si el insecto va a conseguir atravesar la mesa, si fueras capaz de plantear bien esa situación, sería tan dramática como la de la nave espacial. En **The Last Detail**, todos los episodios aparentemente pintorescos que conforman el viaje están atravesados por una pregunta que no se formula jamás: "¿Los dos soldados dejarán escapar al chico?". Es una pregunta muy dramática, aunque no se plantee de una manera descarada y obvia. Planteas una pregunta cuya respuesta cada vez desea más el público sin siquiera tener que llegar a formularla en concreto.

Como seguramente ya habrá dicho más de uno, escribir es sólo reescribir, y en ningún caso es más cierto que en los guiones. Es un trabajo duro. Creo que mis propios hábitos como escritor proceden de mi anterior trabajo como pescador. Escribo todos los días hasta que caigo rendido, y sigo escribiendo hasta que acabo. Un pescador se pasa el día en el mar hasta el crepúsculo. Cada vez que arroja la caña al agua hace un acto de fe, esperando que haya algo allí, bajo la gris superficie del agua. Ayer había peces así que se imagina que hoy pescará algo. Como escritor no haces algo muy distinto. Piensas: este tema insulso oculta algo importante, y tienes que ir a buscarlo.

biografía

Suso Cecchi D'Amico, hija del escritor y traductor Emilio Cecchi, nació en Italia en 1914. Su padre trabajó durante un tiempo como director artístico para el estudio Cines en la década de 1930. Cuando sus amigos cineastas visitaban su casa, solían pedir a la joven D'Amico que echara un vistazo a sus guiones, para ver si les interesarían a los jóvenes. En esa época, D'Amico trabajaba con su padre en traducciones de obras teatrales, pero no había escrito

suso d'amico

nada para el cine. Uno de los amigos de su padre le pidió que colaborara con Alberto Moravia y Ennio Flaiano en un guión de una película. D'Amico aceptó y ha continuado escribiendo para el cine desde entonces. En 1946 empezó a trabajar con Cesare Zavattini y Vittorio De Sica en un guión titulado "Ladri di biciclette" que contaba la historia de un hombre empobrecido que intenta mantener la dignidad ante una sociedad poco compasiva. **Ladri di biciclette** (1948, *Ladrón de bicicletas*) se considera una de las obras principales del neorrealismo italiano, que presentaba los problemas humanos en sus escenarios reales. Estas películas buscaban una autenticidad que no era sólo un estilo cinematográfico, sino también una filosofía política, moral y social. D'Amico ha escrito más de ochenta guiones desde 1946. Entre ellos se cuentan **Miracolo a Milano** (Vittorio De Sica, 1951, *Milagro en Milán*), **Senso*** (1954), **Rocco e i suoi fratelli** (1960, *Rocco y sus hermanos*), **Il Gattopardo** (Luchino Visconti, 1963, *El Gatopardo*), **Salvatore Giuliano*** (Francesco Rosi, 1961) y **Jesus of Nazareth** (Franco Zeffirelli, 1977, *Jesús de Nazareth*). Entre sus obras recientes cabe destacar **Il cielo cade** (Andrea y Antonio Frazzi, 2000).

entrevista

Fueron las circunstancias las que llevaron a mi generación a utilizar el cine como medio para contar nuestra historia. He vivido veinte años de fascismo y la Segunda Guerra Mundial. Durante ese período el Estado había ejercido una censura muy fuerte sobre las artes, y por tanto las películas que se realizaban no eran nada realistas. Si hubiera habido tantos periódicos como hoy en día, tal vez nos habríamos hecho todos periodistas. Pero tal como fueron las cosas, me dediqué a escribir películas. Escribíamos sobre la sociedad en que vivíamos y sus problemas. Eran tiempos difíciles. No había cines ni dinero para pagar a los actores, así que buscábamos a gente por la calle y estábamos siempre abiertos a la improvisación. Esto se acabó convirtiendo en un estilo que los críticos denominaron "neorrealismo". Esas películas parecían mucho más auténticas que las de antes.

Siempre he vivido entre intelectuales. Mi padre era escritor, mi madre pintora, y nuestra casa la visitaba la *intelligentsia* de la época. Cuando era niña, todos leíamos mucho, no había televisión, ni siquiera radio. Era una vida completamente distinta la de los jóvenes de entonces. Mi padre tenía una gran biblioteca y era un magnífi-

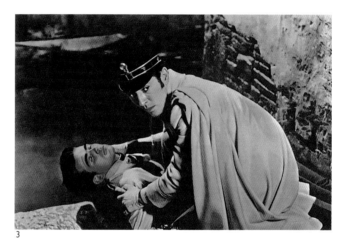

(1) D'Amico con el director Luchino Visconti. (2-5) **Senso**: "La ópera era una gran tradición narrativa en Italia. Visconti dirigió una veintena de óperas, la mitad de ellas de Verdi. Le atraían el espectáculo, el melodrama y la sensualidad de la ópera, cualidades que llevó a su cine para crear un equivalente cinematográfico. **Senso** es tan melodramática y tiene tantas arias como una ópera. Por eso empieza con una, para transmitir desde el principio la idea de lo que intentábamos hacer con la película."

co asesor de lecturas. Elegía un libro para que lo leyera y cuando lo acababa hablábamos sobre él. Luego me daba otro. Recuerdo las discusiones entre mi padre y sus amigos, que creían que me había dado algunos libros demasiado pronto –¡leí a Dostoievski a los 13 años!–. También nos encantaban las películas. Iba al cine a primera hora de la tarde y me quedaba hasta la hora de cenar, viendo la misma película una y otra vez.

Uno de los primeros guiones que escribí fue "Ladri di biciclette" para Vittorio De Sica. La historia de **Ladri di biciclette** se basaba en una pequeña obra escrita por el pintor italiano Luigi Bartolini. Compramos los derechos del libro. Era una crónica que documentaba la vida de la época, mostrando la desesperación de algunas personas y sus penosas condiciones de vida. Trata de un hombre que se pasa un día en Roma viendo a algunas personas y acaba volviendo a casa sin su bicicleta. Ni una sola escena del libro llegó a la versión definitiva de la película. [Cesare] Zavattini había pensado que bastaba con recrear esa crónica de un día, pero yo creía que la historia necesitaba cierta construcción dramática. Decidimos insertar algunos sucesos que funcionaran dentro de la arquitectura general de la historia. Yo propuse que el hombre robara una bicicleta y que este vergonzoso acto fuera presenciado por su hijo.

Para documentarnos para el guión hablamos con gente que vivía en esas penosas condiciones y en el diálogo utilizamos frases que habíamos oído en la calle. Los personajes los interpretaban personas normales y rodamos en localizaciones reales. Pretendíamos recrear la realidad tal como era, tratando de lograr autenticidad. Era esencial que el guión destilara verdad. Muchas de las ideas surgieron hablando y conviviendo con personas que vivían en esas condiciones en Roma. Mi interés por lo que veía siempre vencía los reparos que pudieran producirme las cosas desagradables o chocantes que presenciaba. Una

vez escribí una película que se desarrollaba dentro de una cárcel para mujeres, y conocí a una interna que cumplía condena por robo. Hoy continuamos siendo amigas. Mientras te vas documentando para los guiones, tienes que conocer a gente que no conocerías en tu vida normal.

Por ejemplo, antes de escribir la escena de la adivina de **Ladri di biciclette**, fui con De Sica, su ayudante y Zavattini a visitar a una adivina real, para ver cómo se comportaba. Así era cómo nos documentábamos. Esa mujer recibía visitas de las dos a las seis de la tarde, a las seis acababa y, si no habías hablado con ella, tenías que volver al día siguiente. ¡Nos pasamos tres días esperando! Por fin, cuando nos tocó el turno, el ayudante de De Sica, Gerardo Guerrieri abordó a Battusa y le dijo: "Me han robado la bicicleta". La adivina le miró con suspicacia, porque todos los que acudían a visitarla habían sufrido tragedias de verdad: habían perdido a toda su familia o tenían cáncer. De Sica pensó que traería mala suerte haberla abordado de ese modo, así que volvió a ver a la mujer al día siguiente y le preguntó si le gustaría interpretar el papel de la adivina en la película. Ella se negó. De Sica era una persona extraordinariamente supersticiosa, por lo que decidió no poner la escena. Los demás nos quejamos tanto que finalmente sí se incluyó en la película.

Lo más importante de estas películas era el tema y el contenido, no la construcción de la estructura de la trama. Queríamos escribir documentos que mostraran a la gente y las cosas tal como eran. **Rocco e i suoi fratelli** trataba de la emigración al norte de los campesinos pobres del sur de Italia. El duro entorno de la posguerra hacía que su integración resultara todavía más difícil. La gente no se entendía entre sí, porque en el país se hablaban dos lenguas: el italiano del norte y el del sur. En tales condiciones, las personas pueden acabar haciendo cualquier cosa. Yo quería mostrar cómo la desesperación puede empujar a cualquiera a cometer un delito.

guionistas

1

2

3

4

5

265.

<u>STRADINA VIA FLAMINIA</u>

–

Antonio ormai vicino alla bicicletta la oltrepassa; guarda dentro il
portone.

–

Vede in fondo all'andito due uomini che parlano.

–

Oltrepassa il portone, sosta un
momento. Poi torna indietro e
guarda di nuovo i due uomini che
parlano in fondo all'andito. Va
verso la bicicletta. Gli si mette
vicino e d'un tratto la inforca.

–

Per l'emozione gli sfugge un pe-
dale, sta per cadere, mette un
piede a terra, fa uno sforzo e si
rimette in equilibrio, parte, for-
za i pedali.

–

Dal portone escono immediatamente

6

266.

due persone, un operaio e un por-
tiere.
Si guardano tra di loro, hanno un
attimo di esitazione, si mettono
a correre, gridano:

GRIDA
Al ladro! Al ladro!

–

Dal fondo della strada, dalla parte dove Antonio si è diretto, gli
viene incontro un gruppetto di
gente. Antonio è costretto a vol-
tare. Prende una via traversa.

–

Gli inseguitori aumentano. Ai due
se ne aggiungono altri. Gruppi di
gente che passa si voltano curiosi.

GRIDA
Ferma! Ferma! Il ladro!

–

Antonio ha preso una strada pa-
rallela a quella dove ha rubato
la bicicletta e ora sbocca di cor-
sa sulla Flaminia.

–

I due che l'inseguono hanno intui-
to la manovra di Antonio; si danno

D'Amico creía que la crónica documental original en la que se basaba **Ladri di biciclette** necesitaba cierta estructura dramática. Ella sugirió que el niño viera cómo su padre robaba una bicicleta (1-9). "Hicimos **Ladri di biciclette** con actores no profesionales, ya que daban a la película una autenticidad que no podríamos haber conseguido de otro modo. Queríamos hacer algo tan diferente y real como fuera posible. **Roma, città aperta** (*Roma, ciudad abierta*) ya había sido un gran éxito en Estados Unidos, y empezaban a venir actores estadounidenses a Roma por curiosidad. Cary Grant se ofreció a interpretar el papel protagonista de **Ladri di biciclette**. Nos pareció que sería ridículo ver a Cary Grant saliendo a robar una bicicleta, pero fue difícil decir que no porque sabíamos que nos abriría de par en par fuentes de financiación."

Ésa era la moraleja de la película. Decidimos que Rocco se pareciera más a una novela, a diferencia de **Ladri di biciclette**, que fue más bien una crónica documental. Teníamos actores profesionales y no improvisamos. Eran cambios fundamentales, pero la autenticidad seguía siendo mi objetivo principal. Fuimos a Milán y pasamos bastante tiempo con personas que habían emigrado del sur. Basamos el guión en las experiencias que vivimos allí. Descubrimos que los jóvenes boxeaban para ganarse unas liras y que el boxeo era un entretenimiento para los pobres. Así es como este deporte se convirtió en el telón de fondo de la película.

En los títulos de crédito de **Rocco e i suoi fratelli** constan cinco guionistas, incluido el director Visconti. [Massimo] Franciosa y [Pasquale Festa] Campanile eran dos sureños a los que recurrimos para escribir en el dialecto en que hablaban los personajes del sur. Sin embargo, al final, descubrimos que el dialecto no quedaba bien e hicimos hablar a los personajes italiano con un leve acento. En las películas estadounidenses, aunque sólo aparezca una persona en los créditos del guión, suelen haber intervenido muchos en la escritura. Nosotros somos más generosos y los hacemos constar a todos. En las películas con dos o tres guionistas puede que haya uno que domine la construcción de la trama, otro el diálogo y uno que escribe el tratamiento más rápido. En una comedia es muy útil trabajar en parejas o tríos. Si no se ríen todos del chiste, sabes que no es bueno.

Il Gattopardo, escrita por Visconti en 1963, se basaba en la novela del mismo título de Giuseppe Tomasi di Lampedusa. Trata del crepúsculo de una época en una sociedad, cuando la aristocracia agonizante debe aprender a cambiar todo para no desaparecer. Para escribir sobre el tema frecuenté la compañía de aristócratas sicilianos, a quienes había llegado a conocer muy bien cuando estaba en las localizaciones de **Salvatore Giuliano**.

Al intentar mantenerse fiel al sentido del libro, el guión de la película resultó muy distinto. En la novela, los dos últimos capítulos son *flash-forwards* que se adelantan treinta y sesenta años al resto de la narración, describiendo la muerte de un príncipe y luego la decadencia de su sociedad aristocrática. Al adaptar la novela decidimos, a sugerencia de Visconti, eliminar esos capítulos finales. Creímos que el único modo de adaptar el libro era ubicarlo en un único período temporal. Si hubiéramos optado por una historia que se detenía, avanzaba treinta años, y más adelante otros treinta, no habría funcionado. El objetivo de una adaptación honesta a la pantalla es comunicar el sentido, el estilo y el carácter de un libro.

De Sica creaba una reproducción naturalista de la realidad, mientras que Visconti siempre era melodramático y operístico. Las interpretaciones de la realidad de ambos directores son completamente distintas porque tienen dos personalidades distintas. Como guionista, me parece importante adaptarme a la personalidad del director. Trabajo como un artesano y un artesano debe conocer las necesidades de la persona que le encarga una obra. Esta actitud me ha permitido escribir muchos tipos distintos de películas. Trabajé con Visconti en diez películas y alcancé un estadio en el que apenas necesitábamos hablar porque sabía de antemano lo que él quería. Dado que siempre trabajo en estrecha colaboración con directores que conozco, mis personajes suelen acabar en la película definitiva siendo muy similares a cómo los he concebido en el guión. Suelo hablar con los directores de la elección de los actores para los papeles concretos. He tenido mucha suerte. Uno de los mejores guiones que he escrito fue **Processo alla città**, realizado en colaboración con [Ettore] Giannini. Sin embargo, la elección del actor para el personaje principal fue un desastre. Pensábamos que debía ser un desconocido, porque el guión trataba sobre un pobre hombre que descubre la enorme corrupción de una ciudad.

(1-3) **Rocco e i suoi fratelli**: "A veces, cuando sabes quién va a interpretar un papel, lo tienes muy presente mientras escribes el guión. Me gusta el personaje de Nadia en **Rocco**, su orgullo, su infelicidad y su carácter. Cuando escribí el guión conocía a Annie Girardot [que encarnó a Nadia] como actriz teatral, y sus características me ayudaron a crear el retrato de una mujer (3). Cuando escribí **Rocco** sabíamos de antemano que contaríamos con Alain Delon [Rocco], Renato Salvatori [Simone] y Girardot [Nadia]". (4) "Dostoievski es un autor magnífico para inspirar personajes. El príncipe Mishkin de *El idiota* es un inocente en un mundo corrupto cuyas buenas acciones provocan el mal. Es la base para el personaje de Rocco. Nastasia Filipovna, de la misma novela, es la Nadia de Rocco. Siempre he creído que los rusos se parecen mucho a los italianos del sur, están llenos de sentimiento. *'Il sentimento è più forte della raggione'* ('Las emociones son más poderosas que la razón'), dicen."

1

3

4

2

5

6

(1-6) "Los dos capítulos finales de la novela *El Gatopardo* se eliminaron en la adaptación al cine. Describían la muerte del príncipe [interpretado por Burt Lancaster] y la decadencia de su aristocrática familia. Por tanto, la sensación de muerte y decadencia tuvo que transmitirse en la secuencia final del baile."

Sin embargo, los productores impusieron a Amedeo Nazzari, que era el actor más importante de la época: apuesto, alto y acicalado. Tanto el guión como la dirección son muy buenos, pero siempre me decepcionó esa elección del reparto. - -

A los de la vieja generación nunca se nos pidió que escribiéramos algo para que obtuviera un determinado éxito. La idea de buscar el éxito es algo que llegó mucho más tarde. Las películas que se enfocan de ese modo son menos auténticas porque los guionistas piensan que deben escribir para triunfar en Japón, en Estados Unidos, en Francia. Y eso no tiene sentido. Nosotros hacíamos lo que creíamos que debíamos hacer. Recuerdo que recibí una nota de un amigo estadounidense sobre el éxito de **Ladri di biciclette** en su país. Me sorprendió, porque era algo que no esperaba. Cuando las películas italianas empezaron a tener éxito en el extranjero, los estudios

estadounidenses me ofrecieron un largo contrato para trabajar en Hollywood. Tal vez, tras haber vivido allí muchos años podría haber escrito una historia estadounidense. No lo sé. No acepté la oferta. Escribo sobre lo que sé que es verdadero y para gente a la que conozco a fondo. Escribo sobre Italia y sus problemas, y escribo para mi vecino, también de origen italiano.

En realidad, no hay reglas para escribir una buena historia. Cuando empiezo, la intención es siempre abordar los problemas de la sociedad, luego, poco a poco, se convierte en una historia particular. Siempre escribo sobre mi propia experiencia; incluso en el cuento más fantástico hay alguna verdad autobiográfica. Siempre he puesto todo mi empeño en escribir con autenticidad sobre los problemas de la sociedad, pero desde la década de 1970, cuando empezó el período de las Brigadas Rojas, ya no sé muy bien qué es lo que pasa en la sociedad. El mundo es un

3

4

lugar muy extraño estos días. Siempre podemos contar la historia de lo que está pasando, pero la situación política en Italia es hoy tan ambigua que resulta desconcertante. Me preocuparía representarla de un modo que no le gustara a mucha gente.

Creo que el cine y las películas han sido perjudiciales para la moralidad. Los niños se pasan todo el día viendo violencia y héroes que matan en televisión. Creo que un guionista debería ser consciente de en qué medida es responsable del comportamiento de la gente. Soy una censora verdaderamente rigurosa de mí misma y de lo que escribo. Me aterroriza lo que puedes hacer con las imágenes. No acepto historias que me parezca que puedan ser peligrosas. Escribir guiones es un oficio muy importante y soy plenamente consciente de mi responsabilidad. Escribir ha enriquecido mi vida. Mi objetivo es que enriquezca las de otros.

(1-4) "Quedé muy satisfecha de **Jesus of Nazareth** porque era una obra muy sencilla y directa, y fiel al texto original. Creo que las palabras de Jesús y los evangelistas son muy hermosas. Los Evangelios cuentan la historia que probablemente sea más influyente e importante para la civilización occidental. Son historias más reales que las de César, aunque no tengamos ninguna prueba tangible de su autenticidad."

biografía

Atom Egoyan nació en 1960 en El Cairo. Sus padres le pusieron el nombre cuando se acababa de construir la primera central nuclear egipcia. Eran refugiados armenios y decidieron huir de los disturbios políticos trasladándose de El Cairo a Victoria, Canadá, en 1963. Victoria producía la ilusión de ser una ciudad inglesa, con sus alabarderos de la Torre de Londres y todo. Lo absurdo del entorno de Egoyan llegaba también a su propio hogar: su padre

atom egoyan

tenía una tienda de muebles y daba cursos nocturnos de diseño de interiores, que acababan con una visita a la propia casa de los Egoyan. "Dos veces al año me veía expuesto a ese desfile de extraños que recorrían nuestra casa, mirando en los dormitorios y estudiando el diseño de la casa. Mis padres me daban instrucciones muy concretas de cómo querían que permaneciera sentado detrás de mi mesa e hiciera como si todo fuera normal." Esta educación poco habitual marcaría la visión del mundo que transmiten las historias de Egoyan. A los 13 años empezó a escribir obras de teatro. Más tarde, cuando estudiaba en la universidad en Toronto, se dedicó a restablecer los vínculos con la cultura de su familia mientras escribía teatro. Cuando la Dramatic Society del Trinity College rechazó una de sus obras, la transformó en un cortometraje y así empezó su carrera como guionista y director. Entre sus guiones originales se cuentan los de **Speaking Parts** (1989), **The Adjuster** (1991, *El liquidador*), **Exotica** (1994, *Exótica*) y **Ararat** (2002), dirigidos por él. **The Sweet Hereafter** (1997, *El dulce porvenir*) es una adaptación de la novela *Como en otro mundo*, de Russell Banks, y **Felicia's Journey** (1999, *El viaje de Felicia*), de la obra del mismo título de William Trevor.

entrevista

Aunque hay muchos enfoques que siguen fórmulas fijas para escribir un guión, yo intento utilizar medios diversos para acceder a las experiencias que viven mis personajes. Concibo mis historias de manera que los espectadores puedan dar sus propias versiones de los acontecimientos, en lugar de limitarse a ser receptores pasivos de un conjunto de fórmulas. Me atraen las situaciones complejas y envueltas en misterio, así como escribir guiones que desenmarañen las circunstancias ocultas que han dado forma a las vidas de mis personajes y que desvelen las razones por las que se han olvidado o negado esos acontecimientos.

En una narración de estructura tradicional, el público espera ciertas referencias o giros reconocibles que le indiquen hacia dónde va la narración. Pero cuando el relato no ofrece esos signos familiares, el público no sabe qué esperar, se encuentra en un lugar muy diferente donde se ve totalmente desarmado. Algunos espectadores rechazan la historia en ese momento, pero quienes tienen confianza en la película pueden aventurarse en un territorio completamente distinto, donde se ven estimulados por nuevas e innovadoras formas narrativas que entran en su vivencia como espectadores. Al contemplar la historia de ese modo, la película se vuelve una experiencia personal para quien la ve, se filtra a través de su inconsciente. La narración no lineal permite que el espectador explore, rechace o se vincule a un personaje y su situación, de una manera que no puede conseguir la narrativa tradicional.

No se trata de que pretenda rechazar el modo dominante y tradicional en que se estructuran los guiones; la estructura que empleo surge de manera orgánica. Los estudios de Hollywood me envían muchos guiones que tienen la misma estructura no lineal que yo utilizo, pero por lo general suelen incluir algún mecanismo narrativo al principio para explicar la fractura del relato. Por ejemplo, una película como **Memento***, que considero una obra muy emocionante, es más comercial que mi obra porque la razón del sentido fragmentado del tiempo que tiene el personaje principal se explicita. Como público que ves esa película se te concede permiso, de un modo convencional, para variar tus expectativas: el mecanismo de la narración queda plenamente explicado. Sin embargo, este acercamiento a la narración no me resulta tan interesante como el de esas otras películas en las que se elude esa explicación concreta, películas cuya estructura es más bien consecuencia del estado psicológico del personaje.

Mis historias tratan con frecuencia de personajes destrozados que intentan reconstruirse. En mi enfoque personal de la estructura de un guión, intento crear una situación en la que el espectador intenta reconstruir y adivinar la realidad de esas personas, al mismo tiempo que se va planteando en pantalla la realidad fracturada que viven los propios personajes. Los guiones de tipo convencional se construyen de modo que permiten que el público se identifique y entienda a cada personaje y sus motivaciones. Esto suele quedar definido en los primeros 20 minutos de esos dramas. Para mí, los momentos en los que intentas establecer la relación de cada personaje con los

demás son los más estimulantes. Un guionista puede crear una sensación de intriga cuando presenta al público un personaje que tiene un conflicto con su propia identidad. En todo encuentro de personas hay un misterio intrínseco, e intento hacer que esos momentos de contacto estén tan cargados de subtexto e insinuaciones como sea posible.

Por ejemplo, en una escena de **Exotica**, Francis Brown conduce a casa a una joven. Le hemos visto pasar la noche en un bar de *strip-tease* con una bailarina vestida de colegiala. La siguiente vez que le vemos está en un auto con esa joven: das por supuesto que es una prostituta. Sin embargo, al final de la escena, él le dice: "Saluda a tu padre". No es la frase que esperarías, y pone en cuestión tus suposiciones sobre de qué trataba realmente la escena. Mis guiones a menudo abordan cuestiones de identidad y creo que este tipo de historias se enfoca con mayor claridad mediante personajes que están luchando por su derecho a existir. Este conflicto personal se traduce en el acercamiento del espectador a esos personajes en tanto éste se cuestiona si debe identificarse o no, y en qué medida, con ellos.

He descubierto que el público es capaz de identificarse con un personaje tan intensamente que puede llegar a aceptar cualquier tipo de imagen de la realidad, falsa o verdadera, que éste tenga. Por ejemplo, en **The Sweet Hereafter**, intentaba analizar con el personaje de Nicole cómo alguien que es víctima de un incesto se las arregla para negar la experiencia que está sufriendo. Me sorprendía que, con mucha frecuencia, cuando se representa el abuso sexual, se muestra desde el punto de vista de la víctima después del hecho, en un momento en que es capaz de expresar su rabia y enojo. Sin embargo, por más incómoda que pueda resultar una idea como ésta, hay situaciones en las que la víctima del incesto se convence a sí misma de que el autor del delito la ama de algún

3

4

MISS CALLIGARY
No, but I bring security with me.
Security of mind and heart. Security
of purpose.

OLD WOMAN
I don't want no Bible.

The OLD WOMAN closes the door. MISS CALLIGARY turns around,
and notices FELICIA at the bus stop, her head in her hands,
the two green carrier bags beside her.

CUT TO:

INT. 3 DUKE OF WELLINGTON -- DAY

HILDITCH is preparing himself dinner, while speaking on the
phone. The voice at the other end of the speaker phone is
matter-of-fact and cold. HILDITCH is watching one of his
MOTHER's cooking shows as he speaks, again repeating every
gesture that she makes. The sound is turned off the
television.

VOICE
Who's making inquiries about this
soldier?

HILDITCH
I'm a family friend. There's been
an emergency. The young man's
father's been in an accident.

VOICE
What are you asking me?

HILDITCH
The family's uncertain which barracks
the lad's stationed at owing to the
father being unconscious in a
hospital. We're ringing around all
barracks in the area.

VOICE
Name and rank?

HILDITCH
Lysaght, J. A squaddy I'd say he
is.

VOICE
A what?

HILDITCH
A private.

A pause, while the name is searched. HILDITCH uses the time
to edge up the volume of the television, straining to catch
his MOTHER's instructions.

VOICE
We have a Lysaght here. We'll pass
the message on after fatiques.

HILDITCH
Oh no, it would be better if the
family broke the news to the lad.
Now that we know where he is we'll
contact him pronto.

Something on the cooking show catches HILDITCH's attention.
He hangs up the phone as he sees an image of himself - as a
boy (YOUNG HILDITCH) - join his MOTHER on the show.

MOTHER
(on the television)
Now, does this young man listen to
his mother?

YOUNG HILDITCH is painfully shy of the T.V. camera. He
manages a nod.

ANGLE ON

HILDITCH as he watches the television, mesmerized by this
image. He also nods.

ANGLE ON

The cooking show. HILDITCH's MOTHER continues.

MOTHER (CONT'D)
So let's talk about preparation.
You must always be prepared, Joey.
Now, this girl's departure has
dismayed you, hasn't it?

ANGLE ON

HILDITCH nodding. He is on the verge of tears. Over his
image his MOTHER's voice is heard.

MOTHER (CONT'D)
And so you must prepare, Joey.
Prepare for her return.

1

2

(1, 2) Extractos del guión de **Felicia's Journey** que exploran la relación
entre Hilditch [Bob Hoskins] y su madre difunta. "Nunca olvidaré la lectura
de esta media frase de la novela original de William Trevor, que ofrece un
hermoso atisbo de lo que sucedió entre madre e hijo: '–Sé bueno, cariño
–con aquella voz especial, la promesa, incumplida siempre, de que la peti-
ción no se repetirá nunca'. El problema de adaptar este libro es que si
mencionas el incesto, se vuelve muy contundente, se convierte en toda una
declaración, y no creo que ni William Trevor ni yo hubiéramos querido que
la explicación fuera tan llamativa. Así que tuve que buscar algo más para
dar a entender la naturaleza de la relación entre ellos. Introduje un progra-
ma de cocina que presentaba al personaje de la madre (3). Éste ha dejado
de emitirse hace mucho, pero Hilditch (4) encuentra los vídeos. Hilditch
nunca fue objeto de las miradas preocupadas de su madre, pero contemplando esas cintas cree que de algún modo puede recuperarla. Esa actividad tenía una gran carga emocional para mí –no así en el libro–, pero me
pareció un modo muy profundo de tratar la naturaleza de su dolor, su
angustia, algo que parecía que le ofrecía consuelo pero que en realidad
aumentaba su tormento."

1

3

2

4

guionistas

Un tema recurrente en muchas de las películas de Egoyan es el *voyeurismo* y el poder de los medios de comunicación. En **Speaking Parts** (1, 2), una mujer contempla un vídeo tras otro de un joven actor con el que está obsesionada, y en **Next of Kin** (3, 4), un chico entra en la vida de otra familia, asumiendo el papel del hijo desaparecido hace mucho, después de ver su dolor en una grabación de vídeo realizada con un terapeuta. En 2000, Egoyan dirigió la obra teatral existencialista *La última cinta de Krapp* (5, 6) de Samuel Beckett.

5

6

modo, y que el abuso es en cierta manera una extensión de ese amor. Es una situación profundamente inquietante, pero necesitaba encontrar un lenguaje que comunicara la negación de Nicole de las traumáticas experiencias que ha tenido con su padre. De manera que a lo largo de gran parte de la introducción de su relación, se hace creer al espectador que son amantes "normales". Sólo se revela gradualmente que son, en realidad, padre e hija.

Al final de la película, Nicole, la única superviviente de un accidente de autobús escolar, debe testificar cómo fue a parar al lago el vehículo. La noche antes de su declaración, Billy, un camionero local, le suplica al padre de Nicole que no siga adelante con la demanda, convencido de que destruirá toda la comunidad. El padre es reacio a renunciar al caso, creyendo que recibirán una importante compensación económica. En la declaración, Nicole miente y frustra cualquier posibilidad de indemnización. El público tendía a pensar que Nicole mentía porque creía a Billy, no por su padre. El público había visto el abuso en la pantalla, pero no lo había asimilado como tal, porque se ha presentado desde el punto de vista de alguien que está negando esa experiencia. Es una dinámica muy interesante, y comprendo que haya gente que rechace completamente mi enfoque porque no quiere sentirse demasiado cerca de ciertas experiencias cuando ve una película.

Como espectadores, tradicionalmente tendemos a proyectarnos en los personajes de las películas, a hacer sus diálogos fáciles de entender y asimilar. Mis personajes no poseen un gran dominio del lenguaje, han descubierto que el lenguaje les ha traicionado en cierto sentido, de modo que se muestran muy cautelosos con lo que dicen. Al escribir diálogo, intento llegar al núcleo más esencial de lo que los personajes intentan comunicarse o no unos a otros. Elimino toda palabra superflua; cuando destilo las cosas hasta ese punto, el diálogo se vuelve sumamente concentrado, se carga de sentido y se hace inquietante.

Esta densidad crea tensión en el espectador; me resulta fascinante que los diálogos sean tan densos que el espectador tenga que esforzarse por captar el posible sentido del subtexto.

El modo en que descubrimos "la historia oculta" de un personaje es tan importante como los detalles de su vida. Una obra de teatro que siempre me ha cautivado por su método de exposición único es *La última cinta de Krapp*, de Samuel Beckett. La obra trata de un hombre de 70 años que, desde hace mucho tiempo, todos sus cumpleaños, ha grabado sus reflexiones sobre el año anterior. Y en ese cumpleaños concreto, escucha una cinta que había grabado treinta años atrás. Al escuchar esa versión de sí mismo a los 40 años, se oye reflexionar sobre otra cinta suya de cuando tenía 25, y con esa sencilla acción, se revelan muchas cosas de su vida. Me parecía que el hecho de que alguien decidiera archivar su experiencia de ese modo era muy interesante. Me fascinaba que Krapp realizara una actividad que en principio debería consolarle pero que en realidad le atormenta, que es una forma de tortura que él se inflige a sí mismo. Creo que mediante el examen de la actividad que realiza el personaje, éste se nos revela y nos explica con más detalle por qué, y cómo realiza esa actividad. De manera similar, muchos de mis personajes se implican en procesos que creen que dan cierto sentido a sus vidas; ellos consideran que dichos procesos son terapéuticos pero, en realidad, sólo aumentan su luto o su pena.

Me fascinan los personajes que tienen empleos u ocupaciones que les permiten vivir sus neurosis de un modo socialmente aceptable. Puede ser decisión del propio personaje buscar un empleo como censor de cine o liquidador de seguros (**The Adjuster**), auditor (**Exotica**) o funcionario de aduanas. (Los franceses tienen un término, *déformation professionelle*, que significa que si te dedicas a un trabajo el tiempo suficiente, éste afecta a tu carácter.)

3

4

                    FRANCIS
          I mean. it's difficult for me to
          tell. I never had much of a musical
          education myself. But her teacher
          thinks she's really talented.
          Actually, we're thinking of getting
          her a better piano. A baby grand.
          Isn't that a funny name? Baby grand.
          Sort of a contradiction in terms.
          What do you call it when that
          happens? When two words sort of
          cancel each other out?

FRANCIS looks over at CHRISTINA. She is staring out the window,
lost in her thoughts.

                    FRANCIS
          What's the matter?

                    CHRISTINA
          What?

                    FRANCIS
          Where's your mind?

                    CHRISTINA
          I was just thinking.

                    FRANCIS
          About what?

                    CHRISTINA
          Just the way you talk about her. You
          get so excited. It's nice.

                    FRANCIS
          I'm sure your parents talk that way
          about you.

                    CHRISTINA
          I don't think so.

                    FRANCIS
          I do.

                    CHRISTINA
          What makes you so sure?

                    FRANCIS
          You're a very responsible young
          woman.

                    CHRISTINA
          Responsible to what?

                    FRANCIS
          To whatever it is you believe you
          have to do.

                    CHRISTINA
          Like what?

                    FRANCIS
          Well, Lisa loves when you come over
          to babysit for example. She says
          that you really listen to her.

                    CHRISTINA
          That's nice. She listens to me too.

Pause. FRANCIS looks over to CHRISTINA.

                    FRANCIS
          She doesn't think you're very happy.

                    CHRISTINA
          I'm not.

                    FRANCIS
          Christina, if there's anything you
          ever want to talk about, anything
          about what might be happening at
          home, you know that I'm here.

CHRISTINA looks at FRANCIS and nods.

                                        CUT TO:

118) EXTERIOR. CHRISTINA'S HOUSE. DUSK.

The car comes to a stop. CHRISTINA watches FRANCIS as he removes
his wallet and hands her some money.

                    CHRISTINA
          Thanks.

Pause.

7

8

2

5

6

CHRISTINA
I really enjoy these drives home, Mr.
Brown.

Pause. FRANCIS smiles at CHRISTINA.

FRANCIS
Are you available next Thursday?

CHRISTINA
I think so.

FRANCIS
My wife will give you a call.

CHRISTINA nods, smiles at FRANCIS, and closes the door behind
her. FRANCIS watches until she gets to the house. At the door,
CHRISTINA turns around and waves at FRANCIS. FRANCIS smiles, and
waves back.

CHRISTINA enters her home.

The End. May 18, 1993

(1-9) **Exotica**: Fotogramas del club de *strip-tease* Exotica donde trabaja el personaje de Christina (1, 2). "Mientras escribía la escena final (3-9) de la versión definitiva de **Exotica**, se me ocurrió que Christina fuera la canguro de la hija de Francis. Creo que se puede percibir en la película que esa decisión —hacer que Christina fuera la canguro—, es una consecuencia del desarrollo del propio guión, que no la tenía pensada desde el principio ni lo escribí todo con esa idea en mente. Fue una situación muy extraña en la que el guión pudo reflejar una urgencia y una espontaneidad y revelación que eran consecuencia del proceso de escritura, a diferencia de otras escenas generadas de forma artificial."

9

1

"El personaje de Gulliver siempre me ha fascinado: alguien como Mitchell Stephens en **The Sweet Hereafter** (1) [interpretado por Ian Holm], completamente distinto de cuantos le rodean pero que se ve a sí mismo como una persona capaz de aplacar algunas de las tensiones latentes que recorren su sociedad. Me interesa el personaje que se atribuye a sí mismo esa responsabilidad. No se trata forzosamente de un compromiso sincero, pero da una sensación de utilidad." (2) Egoyan en localizaciones para **The Sweet Hereafter** y (3) retrato del dramaturgo Harold Pinter. "Una de las primeras obras de teatro que vi que utilizaba un enfoque no lineal fue *Traición*, de Harold Pinter. La obra es el relato de un adulterio con tres personajes principales contado hacia atrás: la primera escena se desarrolla en la primavera de 1977 y la última en el invierno de 1968, y es la crónica de una relación extramarital de nueve años. La idea de ese desarrollo cronológico inverso me resultó muy inspiradora, pues exigía que me cuestionara mis presuposiciones sobre los personajes a medida que se desarrollaba la obra. Las obras de Pinter me parecían muy intensas porque nos permiten participar en el proceso de recuperación psicológica que los personajes también están experimentando."

2

3

Una vez que he optado por poner al personaje en una circunstancia o un empleo concretos, intento pensar qué es lo que podría atraer a alguien de esa circunstancia: qué demonios personales puede sobrellevar a través de su trabajo. Las credenciales profesionales les permiten realizar acciones que de otro modo serían socialmente inaceptables y tienen una pátina de anonimato que les abre las puertas para entrar en las vidas de otros personajes.

En el caso de Francis Brown en **Exotica**, en vez de fijarme en cómo podría cambiarle acudir a un club de *striptease*, creé su personaje basándome en qué llevaría a alguien (Francis) a ir a ese club. Hacia el final de la película se revela que la hija de Francis fue asesinada y que se le consideró, durante un tiempo, sospechoso del crimen. Poco después de que detengan al asesino de su hija, su esposa muere en un accidente de auto; el hermano de Francis, con el que ella mantenía una relación, conducía el vehículo y sobrevivió al accidente. Francis frecuenta Exotica como un ritual, para ver actuar a Christina, la antigua cuidadora de su hija. Francis entró en el club un día y la vio, y en ese momento tuvo que tomar una decisión: podía salir corriendo o quedarse. Se quedó, pero el público no ve esa escena, aunque es como si la viera. En **Exotica** sólo existe en la imaginación del espectador.

Quien se embarca en el proceso de escritura de un guión lo hace como respuesta a algo en el orden del mundo que no puede cambiar. Puedo crear personajes capaces de cuestionar o definir un universo que de otro modo no existiría. Como guionista, te encuentras en una posición extraordinaria para explorar posibilidades creativas, algo que no puede hacer nadie más en todo el proceso de la realización de películas. Puedes dejar que tu imaginación recorra cualquier ruta que pueda seguir un personaje. Como los dos caminos del poema de Robert Frost, tu personaje puede tomar un sendero u otro. Si recorre un camino, y decides que no te gusta el modo en que se desarro-

llan las cosas, puede volver atrás y tomar el otro. Por ejemplo, mientras escribía el guión de **Exotica**, se hizo evidente que el personaje de Thomas (que tiene una tienda de animales) estaba coqueteando abiertamente con el de Francis (que trabaja como contable de Thomas) y se desarrolló una relación sexual explícita entre ambos. Sin embargo, esa dirección no servía a la esencia del drama, así que la rechacé. Aun así, como guionista, una vez que has explorado y rechazado esa posibilidad con tu personaje, esa vía abandonada no desaparece del todo e interviene de un modo u otro en la construcción definitiva de ese personaje.

Sé que las historias que escribo pueden ser muy exigentes para el público y a veces no se produce la comunicación. Pero creo que, en última instancia, si tienes confianza en tus espectadores y sabes qué es exactamente lo que quieres expresar mediante el cine, siempre tendrás un público.

atom egoyan

créditos iconográficos

Por cortesía de The Ronald Grant Archive: p. 2, **Breakfast at Tiffany's**, Paramount Pictures (también en p. 29); p. 6, **Schindler's List**, Universal Pictures/Amblin (también en p. 46); p. 12, **The Last Temptation of Christ**, Universal Pictures; p. 16, **The Last Temptation of Christ**, Universal Pictures (1-4); p. 18, **Taxi Driver**, Columbia Pictures (1-3); p. 19, **American Gigolo**, Paramount Pictures (4); p. 19, **Light Sleeper**, Fine Line Features (5); p. 22, **Affliction**, Largo Entertainment (1-4); p. 24, **Bus Stop**, 20 th Century Fox; p. 29, **Breakfast at Tiffany's**, Paramount Pictures (2-4); p. 30, **The Seven Year Itch**, 20 th Century Fox (1-3); pp. 32-33, **The Seven Year Itch**, 20 th Century Fox (1-4); p. 35, **The Manchurian Candidate**, United Artists (3, 4); p. 36, **Bus Stop**, 20 th Century Fox (2); p. 37, **Bus Stop**, 20th Century Fox (4); p. 38, **Schindler's List**, Universal Pictures/Amblin; p. 41, **Searching for Bobby Fischer**, Paramount Pictures/Channel Four Films (1, 2); p. 42, **Searching for Bobby Fischer**, Paramount Pictures/Channel Four Films (3-5); p. 46, **Schindler's List**, Universal Pictures/Amblin (1); p. 49, **Schindler's List**, Universal Pictures/Amblin (7); p. 50, **A Civil Action**, © Touchstone Pictures. Todos los derechos reservados. (1); p. 52, **The Boxer**, Universal Pictures/Hell's Kitchen Films, fotografía de Frank Connor; p. 56, **Some Mother's Son**, Rank/Castle-Rock-Turner/Hell's Kitchen Films (1, 2); p. 59, **In the Name of the Father**, Universal Pictures/Hell's Kitchen Films (3-5); p. 61, **In the Name of the Father**, Universal Pictures/Hell's Kitchen Films (8, 9); pp. 62-63, **My Left Foot**, RTE/Granada/Ferndale Films (1-5); p. 64, **All the President's Men**, Warner Bros.; p. 67, **The Princess Bride**, MGM/Buttercup Films (3-6); p.70, **Misery**, Castle Rock Entertainment (1-3); p. 73, **All the President's Men**, Warner Bros. (1-3); p. 76, **Belle de Jour**, Paris Film; p. 79, **The Phantom of Liberty**, Fox-Rank/Greenwich (7, 8); pp. 80-81, **Un Chien andalou**, RGA (1-16); p. 83, **Belle de Jour**, Paris Film (1-3); p. 87, **The Tin Drum**, Argos Films (7-13); pp. 88-89, **Danton**, Gaumont International (1-4); p. 90, **Kuroneko**, Toho; p. 92, **Gembaku no Ko**, Kindai Eiga Kyokai/Mingei (2-4, 6); p. 94, **Onibaba**, Toho/Kindai Eiga Kyokai/Tokyo Eiga (9); p. 95, **Onibaba**, Toho/Kindai Eiga Kyokai/Tokyo Eiga (10, 12); p. 97, **Stagecoach**, Walter Wanger Productions (2); p. 97, **Some Like it Hot**, MGM/Mirisch Co. (3); p. 97, retrato de Molière (5); p. 97, retrato de Chéjov (6); p. 126, **La double vie de Véronique**, Canal +; p. 130, **Trois couleurs: Rouge**, MK2/CED/France 3/CAB Productions/Canal + (1); p. 130, **Trois couleurs: Blanc**, MK2/CED/France 3/CAB Productions/Canal + (3); p. 135, **Trois couleurs: Rouge**, MK2/CED/France 3/CAB Productions/Canal + (1, 4); p. 135, **Trois couleurs: Bleu**, MK2/CED/France 3/CAB Productions/Canal + (2); p. 135, **Trois couleurs: Blanc**, MK2/CED/France 3/CAB Productions/Canal + (3, 5); p. 136, **La double vie de Véronique**, Canal + (2); p. 136, **A Short Film about Love**, Zespol Filmowy 'Tor'/Film Polski (4); p. 137, **A Short Film about Killing**, Zespol Filmowy 'Tor'/Film Polski (5); p. 137, **Dekalog 1**, Polish TV (6); p. 138, **Mission: Impossible II**, Paramount Pictures; p. 145, **The Maltese Falcon**, Warner Bros. (1); p. 146, **The Godfather**, Paramount Pictures (1-3); p. 148, **The Last Detail**, Columbia Pictures (1, 2); p. 152, **Rocco e i suoi fratelli**, Titanus; p. 154, **Senso**, Lux (2-5); p. 159, **Rocco e i suoi fratelli**, Titanus (1-3); pp. 160-161, **Il Gattopardo**, Titanus (1-6); pp. 162-163, **Jesus of Nazareth**, ITC (1-4); p. 164, **Exotica**, © Ego Film Arts, fotografía de Johnnie Eisen; p. 167, **Felicia's Journey**, © Icon Productions (3); p. 171, **Exotica**, © Ego Film Arts, fotografía de Johnnie Eisen (2); p. 172, retrato de Atom Egoyan en el rodaje de **The Sweet Hereafter**, © Ego Film Arts, fotografía de Johnnie Eisen (2).

Por cortesía de The Bridgeman Art Library: p. 75, *Vista de Toledo* de El Greco (Domenico Theotocopuli 1541-1614), Metropolitan Museum of Art, Nueva York, EE UU/Index/Bridgeman Art Library (4); p. 84, *Vistiendo a la novia* (1940) de Max Ernst (1891-1976), Solomon R. Guggenheim Museum, Nueva York, EE UU/Bridgeman Art Library, © ADAGP, Paris and DACS, Londres 2003 (3); p. 97, *Kamezo como el monje guerrero, en una escena de "Sembouzakura" en el teatro Ichimura* (1856) (pluma, tinta y acuarela sobre papel) de Utagawa Kunisada (1786-1864), Royal Asiatic Society, Londres, RU/Bridgeman Art Library (4); p. 159, retrato de Fiodor Dostoievski (1821-1881) (1872) de Vasili Grigorevich Perov (1832-82), Galería Tretyakov, Moscú, Rusia/Bridgeman Art Library (4).

Material visual aportado por Paul Schrader: p. 13, retrato; p. 15 (1-3).

Material visual aportado por George Axelrod: p. 29 (1), fotografía de Bob Willoughby; p. 30 (4, 5); p. 34, **The Manchurian Candidate**, con nuestro agradecimiento a United Artists; p. 35 (2, 5), con nuestro agradecimiento a United Artists; p. 36 (1, 3).

Material visual aportado por Steven Zaillian: p. 41 (3, 4), con nuestro agradecimiento a Fred and Bonnie Waitzkin; p. 42 (1); p. 43 (2, 3); p. 44 (1, 2), con nuestro agradecimiento a Universal Pictures/Amblin; p. 46 (2-4), con nuestro agradecimiento a Poldek Pfefferberg; p. 46 (5), con nuestro agradecimiento a Universal Pictures/Amblin; p. 48 (1-4); p. 49 (5, 6), con nuestro agradecimiento a Oskar Schindler; p. 50 (2), fotografía de David James, © Touchstone Pictures. Todos los derechos reservados.; p. 50 (3) fotografía de Anne Fishbein, por cortesía de Writers Guild Foundation.

Material visual aportado por Jim Sheridan: p. 60 (1, 2), con nuestro agradecimiento a Universal Pictures/Hell's Kitchen Films; p. 61 (3), con nuestro agradecimiento a Universal Pictures/Hell's Kitchen Films.

Material visual aportado por William Goldman: p. 65, retrato; p. 70 (4), con nuestro agradecimiento a Viking Penguin Inc.

Material visual aportado por Jean-Claude Carrière: p. 77, retrato.

Material visual aportado por Kaneto Shindo: p. 91, retrato; p. 92 (1), con nuestro agradecimiento a Kindai Eiga Kyokai/Mingei; p. 95 (11), con nuestro agradecimiento a Toho/Kindai Eiga Kokai/Tokyo Eiga; p. 96 (1); p. 98 (1-4), con nuestro agradecimiento a Kindai Eiga Kyokai; p. 98 (5).

Material visual aportado por Ruth Prawer Jhabvala: p. 102 (1), con nuestro agradecimiento a Simon & Schuster, Inc.

Material visual aportado por Merchant Ivory Productions para Ruth Prawer Jhabvala: p. 100, **Heat and Dust**, fotografía de Christopher Cormack; p. 101, retrato, fotografía de James Ivory; p. 102 (2, 3), fotografía de Christopher Cormack; p. 104 (1), fotografía de Sarah Quill; pp. 104-105 (2-4); p. 106 (1), fotografía de Sarah Quill; p. 107 (2, 3); p. 107 (4), fotografía de Sarah Quill; p. 110 (1), fotografía de Derrick Santini; p. 110 (2), fotografía de Karan Kapoor; p. 110 (3), fotografía de Arnaud Borrel; p. 11 (4), fotografía de Erica Lennard.

Material visual aportado por Andrew Stanton: p. 112, **A Bug's Life**, © Disney Enterprises, Inc./Pixar Animation Studios; p. 113, retrato; p. 115 (1-6) © Disney Enterprises, Inc./Pixar Animation Studios; p. 115 (8, 9); pp. 116-117 (1) © Disney Enterprises, Inc./Pixar Animation Studios; p. 119 (3-20), © Disney Enterprises, Inc./Pixar Animation Studios; p. 120 (1), © Disney Enterprises, Inc.; p. 122 (1-4); pp. 124-125 (1) © Disney Enterprises, Inc./Pixar Animation Studios.

Material visual aportado por Krzysztof Piesiewicz: p. 127, retrato, fotografía de Krzysztof Wojciewski; p. 130 (2); p. 136 (1), fotografía de Piotr Janowski.

Material visual aportado por Robert Towne: p. 140 (1); p. 141 (2); p. 142 (1-4), con nuestro agradecimiento a Paramount Pictures; p. 148 (3, 4), con nuestro agradecimiento a Columbia Pictures; p. 151 (10).

Material visual aportado por Suso D'Amico: p. 154 (1).

Material visual aportado por Atom Egoyan: p. 165, retrato, por cortesía de Johnnie Eisen, © Ego Film Arts; p. 167 (4) © Icon Productions; p. 168 (1, 2), por cortesía de Johnnie Eisen, © Ego Film Arts; p. 168 (3, 4) © Ego Film Arts; p. 170 (1), por cortesía de Johnnie Eisen, © Ego Film Arts; p. 172 (1), por cortesía de Johnnie Eisen, © Ego Film Arts.

Material visual aportado por los autores: pp. 20-21 (1-7), con nuestro agradecimiento a Columbia Pictures; p. 25, retrato de George Axelrod, fotografía de Felim MacDermott; pp. 26-27 (1-9), con nuestro agradecimiento a Paramount Pictures; p. 39, retrato de Steven Zaillian, fotografía de Felim MacDermott; p. 45 (3-8), con nuestro agradecimiento a Universal Pictures/Amblin; p. 53, retrato de Jim Sheridan, fotografía de Felim MacDermott; p. 55 (1-8), con nuestro agradecimiento a Rank/Castle-Rock-Turner/Hell's Kitchen Films; p. 56 (3-9), con nuestro agradecimiento a Rank/Castle-Rock-Turner/Hell's Kitchen Films; p. 60 (4, 5), con nuestro agradecimiento a Universal Pictures/Hell's Kitchen Films; p. 61 (6, 7), con nuestro agradecimiento a Universal Pictures/Hell's Kitchen Films; p. 67 (1, 2), con nuestro agradecimiento a MGM/Buttercup Films; pp. 68-69 (1-8), con nuestro agradecimiento a 20th Century Fox; p. 73 (4), con nuestro agradecimiento a Warner Bros.; p. 74 (1-3), con nuestro agradecimiento a Paramount Pictures; p. 79 (1-6), con nuestro agradecimiento a Greenwich Film Productions; p. 84 (1, 2), con nuestro agradecimiento a Paris Film; p. 85 (4-9), con nuestro agradecimiento a Paris Film; p. 87 (1-6), con nuestro agradecimiento a Argos Films; p. 94 (1, 2), con nuestro agradecimiento a Toho/Kindai Eiga Kyokai/Tokyo Eiga; p. 95 (3-8), con nuestro agradecimiento a Toho/Kindai Eiga Kyokai/Tokyo Eiga; pp. 104-105 (5-7), con nuestro agradecimiento a Penguin Publishing; p. 108 (1-10), con nuestro agradecimiento a Merchant Ivory Productions; p. 115 (7), con nuestro agradecimiento a Disney Enterprises, Inc./Pixar Animation Studios; p. 118 (1, 2), con nuestro agradecimiento a Disney Enterprises, Inc./Pixar Animation Studios; p. 121 (2-4), con nuestro agradecimiento a Disney Enterprises, Inc.; p. 133 (2-7), con nuestro agradecimiento a la televisión polaca; p. 139, retrato de Robert Towne, fotografía de Felim MacDermott; p. 143 (5-10), con nuestro agradecimiento a Paramount Pictures; p. 145 (3); p. 147 (4-7), con nuestro agradecimiento a Paramount Pictures/Francis Ford Coppola; p. 150 (1-8), con nuestro agradecimiento a Paramount Pictures; p. 151 (9), con nuestro agradecimiento a Paramount Pictures; p. 153, retrato de Suso D'Amico, fotografía de Felim MacDermott; pp. 156-157 (1-9), con nuestro agradecimiento a Mayer; p. 167 (1, 2), con nuestro agradecimiento a Icon Productions; p. 170 (3, 4) fotografía de Johnnie Eisen, © ego Film Arts; p. 171 (7, 8), con nuestro agradecimiento a Ego Film Arts.

Material visual restante: p. 41 (5) fotografía de Bonnie Waitzkin, con nuestro agradecimiento a The Random House Group; p. 59 (1, 2) fotografía de William L. Rukeyser, © William L. Rukeyser; p. 92 (5) fotografía de Haley, © Rex Features; p. 129 (1), *Prendimiento de Cristo* de Michelangelo Caravaggio (1571-1610), en préstamo indefinido en la National Gallery of Ireland cedido por la Comunidad Jesuita, Leeson St, Dublín, que agradece la generosidad de la difunta Dr. Marie Lea-Wilson; p. 129 (2, 3) fotografía de Günther Schwarberg, © Günther Schwarberg; p. 132 (1) fotografía de Tomasz Korzeniowski; p. 141 (3-6) fotografía de John Waggaman, © John Waggaman; p. 145 (2) retrato de Robert Emmett, con nuestro agradecimiento al National Museum of Ireland; p. 168 (5, 6) fotografía de Patrick Redmond, con nuestro agradecimiento a Blue Angel Films/Parallel Film Productions; p. 172 (3) fotografía de Eammon McCabe, con nuestro agradecimiento a Judy Daish Associates Ltd.

índice